Franz von Pocci · Neues Kasperl-Theater

ULRICH DITTMANN, Dr. phil., geboren 1937 in Berlin, studierte in München und Durham (England) deutsche und englische Literaturgeschichte, promovierte über Thomas Mann und unterrichtete ab 1966 an der Münchner Ludwig-Maximilians-Universität Neuere Deutsche Literatur. Dittmann ist seit 1975 Bandherausgeber an der Historisch-kritischen Gesamtausgabe der Werke und Briefe Adalbert Stifters, er verfasste einen Kommentarband und gab als Co-Editor sechs Textbände heraus. Ulrich Dittmann ist Vorstand der Oskar Maria Graf-Gesellschaft e. V., München.

MANFRED NÖBEL, Dipl.-Germanist (1932–2006), war nach dem Studium der Philosophie, Germanistik und Theaterwissenschaft zunächst Dramaturg, dann Leiter des Leipziger Jugendtheaters, ab 1968 Lektor im Berliner Henschel Verlag und 1982–1998 wissenschaftlicher Mitarbeiter am Zentralinstitut für Literaturgeschichte der Akademie der Wissenschaften zu Berlin. Er galt als einer der besten Pocci-Kenner der DDR. Nöbel hat u. a. die »Märchenkomödien« (1977) und die »Kasperlkomödien« (1986) im Henschel Verlag neu herausgegeben.

Franz von Pocci
Schriftsteller · Zeichner · Komponist

Werkausgabe in Verbindung mit
der Bayerischen Staatsbibliothek München,
dem Literaturarchiv Monacensia der Stadt München
und der Internationalen Jugendbibliothek München

Gesamtherausgeber: Franz-Graf-von-Pocci-Gesellschaft e. V.

Herausgegeben von
Ulrich Dittmann, Waldemar Fromm und Wilfried Hiller

Abteilung I
Dramatische Dichtungen
Band 1

edition monacensia

Franz von Pocci

Neues Kasperl-Theater

Nach der Erstausgabe VON 1855

Herausgegeben von
Ulrich Dittmann und Manfred Nöbel†

Die Edition dieses Bandes wurde ermöglicht durch
die freundliche Förderung von Werner Döttinger, Ammerland

Die Pocci-Werkausgabe wird außerdem gefördert
vom Kulturreferat der Landeshauptstadt München und
der Arbeitsgemeinschaft Literarischer Gesellschaften und Gedenkstätten
aus Mitteln des Beauftragten der Bundesregierung
für Angelegenheiten der Kultur und der Medien

edition monacensia
Herausgeber: Monacensia
Literaturarchiv der Stadt München
Dr. Elisabeth Tworek

Weitere Informationen über den Verlag und sein Programm unter:
www.allitera.de

Bibliographische Information der Deutschen Bibliothek

Die Deutsche Bibliothek verzeichnet diese Publikation
in der Deutschen Nationalbibliographie;
detaillierte bibliographische Daten sind im Internet
über <http://dnb.ddb.de> abrufbar

2. Auflage
August 2009
Allitera Verlag
Ein Verlag der Buch&media GmbH, München
© 2007 Buch&media GmbH, München
Umschlaggestaltung: Kay Fretwurst, Freienbrink
Herstellung: Books on Demand GmbH, Norderstedt
Printed in Germany · ISBN 978-3-86520-407-3

Inhalt

Prolog 9
1. Kasperl's Heldenthaten. Ein Ritterstück aus dem finstern Mittelalter   13
2. Kasperl als Professor. Ein philosophisches Lustspiel   31
3. Madame Kasperl. Ein Schauspiel, in welchem auch der Teufel in Person vorkommt   40
4. Kasperl als Nachtwächter. Ein Nachtstück   55
5. Kasperl in China   65
6. Die Prüfung. Ein beispielloses Spektakelstück   75

Anhang

Manfred Nöbel: Ein Klassiker und sein Theater   97
Ulrich Dittmann: Poccis »Neues Kasperl-Theater«   125
Worterklärungen und Erläuterungen   128
Editorische Notiz   131
Bibliographie   132

Gegenüberliegende Seite: Titelblatt der Erstausgabe von 1855

Neues Kasperl-Theater

von

Franz Pocci.

Stuttgart.
Gebrüder Scheitlin.
1855.

Prolog.
Von Kasperl gesprochen.

Prolog.
Von Kasperl gesprochen.

Hochgeehrtes Publikum!

Mein Freund, der Verfasser dieser Komödien, welche er privatim für mich gedichtet und in welchselben ich mit ganz besonderem Beifalle und zur Zufriedenheit vieler hoher Potentaten, eines hochlöblichen Adels und sonstigen respektirlichen und despektirlichen Publikums schon zu öfteren Malen auf- und abgetreten bin – mein Freund, welcher Ihnen schon durch mehrere seiner Schriften bekannt zu seyn sich schmeicheln dürfte – mein Freund, mit welchem ich schon manches Gläsl getrunken hab, weil er's bezahlt hat, – mein Freund – (jetzt hätt' ich bald nimmer gewußt was ich sagen soll!) – laßt sich Ihnen gehorsamst empfehlen! Dieses unser Werk soll ein Gemeingut des gesammtdeutschen Vaterlandes seyn und wer so gescheit ist und kauft sich das Büchl, dem gehört's von Haus aus. Und jetzt mach ich mein unterthänigstes Kompliment; denn ich getrau mir nit Alles zu sagen, was mein Freund mir aufgetragen hat. Sie wissen schon warum! Aber so viel weiß ich, daß Sie gewiß befriedigt aus dem Schauspiel nach Haus gehen werden, entweder weil's Ihnen g'fallen hat oder weil's froh sind, daß 's aus ist. So, und das sagt der Kasperl!!

I.
Kasperl's Heldenthaten.
Ein Ritterstück aus dem finstern Mittelalter.

Kasperl's Heldenthaten.
Ein Ritterstück aus dem finstern Mittelalter.

(Wald.)
Ein Eremit.

as seht ihr schon meiner Kutten an, daß ich ein Einsiedler bin. Ich lebe nun schon über hundert Jahre in dieser Waldeinsamkeit und habe die größte Langeweile; ja mich wundert's wirklich, daß ich nicht aus Langeweile schon gestorben bin! Ich nähre mich, wie es in meinem Stande üblich ist, nur von Wurzeln und Kräutern, und mein Getränk ist aus der Felsenquelle. Höchst selten setzt es ein Gläsl Schnaps ab von dem guten

Kirschenwasser, das mir bisweilen ein Tiroler bringt, dem ich dafür die Vögel überlasse, welche ich im Wald fange. Nebenbei gebe ich mich etwas mit Guitarrespielen und Singen ab, wie zum Beispiel:

(singt zur Laute)

Ich bin ein alter Eremit
Und leb' in diesem Walde,
Im Sommer ist es oft sehr heiß,
Im Winter aber kalde!

Hab' eine braune Kutten an,
Mein Bart, der ist sehr lange,
Und weil ich bin so ganz allein,
Wird mir zuweilen bange.

Denn manchmal kommt ein wildes Thier
Ganz nah' an meine Klause;
Ich aber schrei zum Fenster 'naus:
»Der Herr ist nicht zu Hause!«

Da kehrt das wilde Thier gleich um
Und lauft als wie besessen,
Und ich dank meinem lieben Gott,
Daß ich nicht ward gefressen.

Kasperl (hinter der Scene, schreit):

Heda! Niemand da?

Eremit.

Da kommt wieder so eine Bestie und tribulirt meine stille Einsamkeit. Diese Vieher sind höchst fatal. Geschwind lauf' ich in meine Klause und schieb' den Riegel vor. (Geht ab.)

Kasperl (mit Hellebarde und Hüfthorn).

He da! Niemand da! Was ist denn das für e Wirthschaft? Jetzt lauf ich schon drei Stunden im Wald 'rum und hab noch keine arme Seel g'seh'n, vielweniger ein menschliches Wesen auf zwei Füß! Ein dutzend wilde Bären hab ich begegnet, die sind aber gleich davon g'laufen vor mei'm Spieß. Kein Weg ist im ganzen Wald nit zu finden! Weiß der Teufel, wo ich wieder hinaus komm! Auf d' Letzt muß ich gar verhungern! Meiner Lebtag werd ich kein Schildknapp mehr; mein Ritter kann allein in der Welt 'rumreiten. Heda! Niemand da! gut Freund! gut Freund!

Kasperl. Eremit.

Eremit.

Was ist denn das für ein mordalisches Geschrei?

Kasperl.

No! Ich werd' doch einen Monolog halten dürfen?

Eremit.

Was? Monologisch oder mongolisch, ich will wissen, was Ihr hier wollt.

Kasperl.

Nix will ich, als was zu essen, denn mich hungert's und was z' trinken, denn mich durst's.

Eremit.

Und deßwegen geht Ihr in den Wald heraus, wo's eigentlich sehr wenig Eßbares gibt? Habt Ihr keine Waldbeeren gepflückt?

Kasperl.

Wär nit übel! die Waldbären hätten ja mich aufgfressen, wenn ich's nit mit meinem langen Spazierspieß davongejagt hätt'.

Eremit.

Freund, Du scheinst mich nicht verstanden zu haben. Doch sage mir, wer Du bist.

Kasperl.

No, ich bin halt der Kasperl und Leibknapp oder eigentlich Bedienter beim Ritter Kuno von Felsenburg, der auf Abenteuer herumreist.

Eremit.

Dieses ritterliche Geschlecht ist mir unbekannt.

Kasperl.

Mir auch. Aber jetzt hör'n wir auf mit dem Discurs; zuerst möcht ich was zu essen, nachher muß ich meinen Herrn hercitiren. Ein Blaser in mein Hüfthorn und er wird gleich da seyn.

Eremit.

Rufe doch zuerst Deinen Herrn her; dann will ich Euch Beiden einen kleinen Imbiß reichen.

Kasperl.

Da wird nix draus. Zuerst muß ich mich stärken; denn wenn der Ritter vor mir ißt, bleibt mir gewöhnlich nix übrig, der verschlingt Riesenbissen. Heut machen wir's umgekehrt.

Eremit.

So komm' mit mir in meine Klause.

Kasperl.

So ist's recht, alter Dattel! geh'n wir! (Beide ab.)

Ritter Kuno (mit Schwert und Schild).
(Muß in sehr erhabenem Tone gesprochen werden.)

Bei allen Höllendrachen! Wo bleibt mein Knappe Kaspar? Ich habe ihn ausgeschickt, den Weg zu suchen, und nun muß ich ihn selbst suchen. Vielleicht ist die Memme von einem wilden Thiere gefressen worden, während ich in dieser Wildniß schon einen Drachen, ein Einhorn und zwei Eber erlegt habe! Jetzt bin ich aber so erschöpft, daß ich kaum mehr weiter kann. Kaspar, Kaspar! wo bist Du? (Ab.)

Kasperl (mit einer Flasche und einer Bratwurst).

Das ist ein rechter Kalfakter, der alte Eremitaner! Zuerst sagt er, daß er nix zu essen hat als Wurzeln und Kräuteln und nach und nach hat er allerhand dahergebracht, wie ich ihm mit'm Todtschlag'n gedroht hab'; denn so macht's mein Herr auch, wann er was hab'n will und kein Geld hat und dieß geschieht ihm ziemlich oft. (Thut einen Zug aus der Flasche.) Das Kirschwasser ist aber delicat, ich hab schon einen halben Dusl. Jetzt muß ich gleich Eins singen aus Lustbarkeit, denn ich bin kreuzfidel.

> Der Kasperl ist überall zu Haus,
> Wo's was zu trinken gibt,
> Und wenn er was zu essen hat
> Er's gleich in's Maul 'nein schiebt.
>
> Im Wald allein herumspazier'n,
> Das wollt' mir gar net g'fall'n,

Denn so ein wilder Bär erwischt
Ein'n gleich mit seinen Krall'n.

Der Eremit, der brave Mann,
Der ließ mich gleich herein
Und hat in seinem Kellerloch
Den besten Brandewein!

Juhe! Juhe!

———

Eremit. Kasperl.

Eremit.

Oho! da geht's ja lustig her beim Kasperl! Nun, mich freut's, wenn mein Trunk geschmeckt hat!

Kasperl.

Ja, was geht's denn Dich an, alter langweiliger Kerl, wenn ich beim Trinken mein Stückl sing.

Eremit.

Ich will Dir's auch nicht verwehren!

Kasperl.

Und ich will Dir's lehren. (Gibt ihm eine Maulschelle.)

Eremit.

Wie, Du Undankbarer, dafür, daß ich Dich gespeist und getränkt habe, dafür schlägst Du mich?

Kasperl.

Schlagst Du mich, hau ich Dich! (Schlägt ihn wieder.)

Eremit.

Unverschämter! warte, ich hole meinen Prügel!

Kasperl (stößt ihn mit seinem Fuße).

Undank ist der Welt Lohn! Heut' hab' ich schon so en lustigen Humor, daß ich alle Leut' aus lauter Freud' maltraittiren möcht!

Eremit.

Wart' Schlingel, ich komm' Dir schon und will Dich Mores lehren. (Erhebt seinen Stock.)

Kasperl.

Das auch noch?! Ich spieß Dich sammt Deiner Kutten an meine Hellebarden wie einen Kranawetvogel!
(Gegenseitige Prügelei und Geschrei, endlich nimmt Kasperl einen Anlauf und rennt dem Eremiten die Hellebarde durch den Leib.)

Kasperl.

Da hast Du's jetzt, eigensinniger Kopf! D i e Heldenthat wird aber meinen Herrn freu'n. So! geh'n wir mit einander fort (nimmt den Spieß, an welchem der Eremit steckt, über die Schulter), jetzt will ich aber auch gleich Trompeten blasen, damit der Ritter Kuno weiß, wo ich bin. (Stößt in's Hüfthorn. In der Ferne ebenfalls Hornruf.) Aha! hab'n wir'n schon! Der ist auch nit weit!
Trallala, trallala (geht singend ab).

(Vor einer Höhle.)

Der Zauberer Murischuripixtimixtistopheles.

Zauberer.

Jetzt hab' ich schon den halben Tag gezaubert und doch noch nichts zu Stande gebracht. Ich glaub', daß die nasse Witterung mein Zauberstaberl etwas verbogen hat, weil's nicht mehr recht ziehen will! Blitzdonnerwetter, was wär denn das? Und hat mich so viel Geld gekostet! Jetzt will ich einmal durch mein Zauberperspektiv schau'n, ob denn gar nichts zu machen ist. (Sieht durch ein großes Perspektiv.) Oho! da kommt ja Etwas! Drei Stunden von hier seh ich einen Ritter mit seinem Knappen! Das wären so ein paar Braten für meine Hexenküch'! Ich will sie mit meinen Zauberkünsten herbeizulocken suchen. (Zaubert:)

> Kommt herbei,
> Alle zwei;
> Ritter, Knapp,
> Schnell im Trapp!
> Spadifankerl hilf dazu!
>
> Wasser, Luft,
> Hexenduft,

Stiefelwichs
Macht es fix!
Spadifankerl hilf dazu!

(Ein Teufels-Kopf erscheint unter Flammen.)

Mein Zauber ist gelungen, denn mein Freund und Gönner Spadifankerl ist aus der Unterwelt erschienen. Ich will mich in den Hinterhalt verstecken, um Beide zu beobachten; dann fall ich in der Gestalt eines wilden Thieres über sie her und fresse sie mit Haut und Haaren auf! (Geht ab.)

Kasperl (den Eremiten am Spieß tragend).

No! jetzt hab' ich schon wieder meinen Herrn verloren. Der hat aus lauter Hunger ein Eichkätzl gefangen und hat sich's gerupft und gebraten. Bei der Kost hab' ich ihn sitzen lassen und bin nun ein Wegerl weiter voraus gangen.

Zauberer (hinter der Scene brummend).

Muh, muh, brrrrr.

Kasperl.

Auweh, da brummt was, wie ein wilder Ochs! Wenn der kommt, gib ich ihm mein Eremiten zu fressen, derweil kann ich davon laufen.

Zauberer (erscheint in Gestalt eines Ungeheuers).

Muh, muh! brrrrr! muh! muh!

Kasperl.

No, no – nur nit so grob, Monsieur! Haben's nur ein wenig Geduld. Ich werd' gleich aufwarten mit einem frischen Braten.

Zauberer.

Muh, muh! brrrrr!

Kasperl.

Da ist ein frischabgestochener Einsiedler, wenn's ihn gnädigst verspeisen woll'n! (Hält ihm den Eremiten am Spieß vor.)

Zauberer.

Muh, Muh – (Daran schnufelnd.)

Kasperl.

Nun? wie riecht der Braten?

Zauberer.

Muh, muh, brrrrr!

Kasperl.

Möchten's vielleicht einen Salat dazu? damit kann ich freilich nicht dienen.

Zauberer (verschlingt den Eremiten auf einen Schluck).

Kasperl.

Ah das ist ein saubers Appettittl gwesen! Sie müssen schon acht Tag nix z'essen g'habt haben.

Zauberer (auf Kasperl losfahrend).

Muh, muh! brrrrr!

Kasperl.

Oho! Ich mein', der Bissen war doch nit schlecht! Möchten's m i c h auch noch als Zuspeis'. (Schlägt ihn auf's Maul.) Da ist's Voressen!

Zauberer (sperrt den Rachen auf).

Kasperl.

Aber Sie hab'n ein schönes Gebiß; oder sind das vielleicht eingesetzte Zähn?

Zauberer.

Muh, muh!

Kasperl.

Muh, Muh, muh! gehn's mir mit dem Muhmuh! da wird mir ja angst und bang!

(Schlägt ihn mit seinem Fuß, abermals Rauferei.)

Wart' nur komm ich erst mit der Hellbarden; nachher ist's gleich aus!

(Pufft mit dem Spieß so lange auf ihn, bis er todt hinfällt.)

Numero zwei – abgemuxt! Zuerst einen sanften Eremitaner und jetzt einen wilden Drachen! Und derzeit frißt der Herr Ritter Eichkätzeln! Wer ist jetzt eigentlich der Held in der Komödie? Der Ritter oder der Kasperl?

(Man hört den Ruf des Hornes.)

So, so, jetzt kommt der Ritter. (Ruft.) Herr Ritter Kuno, Herr Ritter Kuno! da bin ich! Zu Hülfe, Hülfe, mich hat ein Drach' g'fressen! Zu Hülfe!

Kuno (stürzt mit dem Schwert in der Hand herein).

Ha! wo gibt es was zu kämpfen! (Haut mit dem Schwert herum.) Ha! Drachenblut muß fließen! Mord und Tod!

Kasperl.

Nur nit so hitzig! Er liegt schon lang todt da, und der Klausner liegt ihm im Magen!

Kuno.

Wer hat diese Waffenthat vollbracht?

Kasperl.

Ich hab' diese Waffelthat vollbracht.

Kuno.

Ist das auch wahr und gewiß?

Kasperl.

Ja auf ein Haar, mit diesem Spieß!

Kuno.

Wie kommst Du dazu!

Kasperl.

Mit lauter muh, muh!

Kuno.

Bursche, Du lügst und schmückst Dich mit fremden Federn!

Kasperl.

Mit Federn kann ich gar net umgeh'n, ich hab' ja's Schreiben nicht gelernt!

Kuno.

Solltest Du mich wirklich nicht belügen!

Kasperl.

Nu, Sie seh'n ja den Drachen liegen!

Kuno.

Das war eine Heldenthat, sonder Gleichen! Ich werde Dich dafür zum Ritter schlagen!

Kasperl.

Nein, hörn's auf mit dem Schlagen; ich hab' heut' schon genug Schläg' bekommen bei meinen Heldenthaten!

Zauberer (erscheint in seiner wirklichen Gestalt).

Nichts da! Du hast nur ein Scheinbild getödtet! Ich bin der Zauberer Murischuripixtimixtistopheles.

Kasperl.

Was wär denn das für eine Neuigkeit? Ja, und wo ist denn der Eremit hingekommen?

Zauberer.

Den hab ich verschlungen und verdaut!

Kasperl.

Ach! Sie müss'n aber en guten Magen haben!

Zauberer.

Lassen wir diese absurden Bemerkungen bei Seite! Ihr seid meine Gefangenen.

Kuno.

Ha! das kann ein Ritter nicht ertragen! (Lauft davon.)

Kasperl.

Halt, halt! Lassen S' mich auch mit! (Will fort.)

Zauberer.

Nein, Bursche! So leicht läßt sich der große Zauberer Murischuripixtimixtistopheles nicht abfinden.

Kasperl.

Erlaub'n S', verzeih'n S', aber Sie hab'n en kuriosen Namen. Mit dem wär die Polizeidirektion weiter nit in Verlegenheit! Gehn's, sagen Sie mir noch einmal, wie Sie heißen.

Zauberer.

Ja, ich bin der große Magicus Murischuripixtimixtistopheles.

Kasperl.

Der große Tragikus Knurifuri – –

Zauberer.

Murischuri –

Kasperl.

Schnuriburi –

Zauberer.

Murischuripixtimixti –

Kasperl.

Schuriburistrixtiwixti –

Zauberer.

Murischurimixtipixtistopheles.

Kasperl.

Schuriburistrixtiwixtikropfeles.

Zauberer.

Esel – Du kannst die großartige Idee meines magischen Namens nicht in Dich aufnehmen.

Kasperl.

Ich kann den moosbartigen Pikè Deines tragischen Namens nicht in mich aufnehmen!

Zauberer.

Einerlei – Du bleibst jetzt da! Eine Beute muß ich haben.

Kasperl.

Ich bin aber keine Beute, ich bin ja der Kasperl!

Zauberer.

Was Kasperl! Ich brauche einen Braten in meine Zauberküche, in der täglich einige Zentner Menschenfleisch gekocht werden, damit ich die berühmte Lebenstinktur bereiten kann.

Kasperl.

Ja was ist denn das für ein Getränk!

Zauberer.

Die *tinctura Theophrastica*.

Kasperl.

Die *tinctura Gummielastica*.

Zauberer.

Weißt Du, Esel, denn nichts vom Steine der Weisen?

Kasperl.

Ich weiß nur was vom Wein und von Speisen!

Zauberer.

Kennst Du nicht den *lapis philosophorum*?

Kasperl.

Tapis asinorum?

Zauberer.

Das *aurum potabile*! Die *Panakée*!

Was? Ein Kanapee?

Zauberer (bei Seite).

Dieser Bursche ist so tölpelhaft, daß ich ihn als Gehülfen brauchen könnte; er würde meine Zaubergeheimnisse nicht ausplaudern. (Laut.) Heda! Bursche!

Kasperl.

No, was woll'n S' denn?

Zauberer.

Höre ein gescheidtes Wort.

Kasperl.

No – da bin ich aber begierig d'rauf.

Zauberer.

Willst Du mein Diener werden?

Kasperl.

Ich hab' schon ein' Herrn. Zwei zugleich kann ich nit Stiefel wichsen und Kleider ausbürsten.

Zauberer.

Dessen bedarf ich nicht. Ich frage Dich: willst Du mein Famulus werden?

Kasperl.

Was ist denn das für ein Thier auf »us«?

Zauberer.

Du bekommst gut Essen und Trinken und hast nichts zu thun, als Feuer schüren und Kessel rühren!

Kasperl.

Was? Sessel rühren?

Zauberer.

Verstehst Du denn gar nichts richtig? – Versuch's einmal und komm mit mir in mein Laboratorium.

Kasperl.

In's Schnabulatorium? Das laß ich mir gefall'n; da bin ich gleich dabei; denn da gibt's was zu Schnabuliren.

(Ein großer Kessel, Feuer darunter, steigt aus dem Boden.)

Kasperl.

Ach! was ist denn das für eine Punschbodali?

Zauberer.

Jetzt merk auf: laß das Feuer nicht ausgehen und rühre fleißig den Brei um, bis er siedet, dann rufe mich. Rufe nur »Meister erscheine.« (Ab.)

Kasperl (allein).

Na, das is eine saubere G'schicht! Jetzt bin ich – ich weiß gar net wie – auf einmal ein Kuchelmensch g'word'n. Woll'n wir's halt probiren! (Schaut in den Kessel hinein.) Pfuiteufel, das stinkt. Ich muß das Umrühren ein bißl probiren. (Rührt, Flammen spritzen aus dem Kessel.) Oho! die Suppen ist aber heiß! (Rührt und singt monoton.)

> Lirum, larum Löffelstiel,
> Rührum, rarum Besenstiel,
> Steht die Köchin an dem Heerd
> Nimmt den Löffel umgekehrt!
> (Rührt immer fort.)
> Lirum, larum Besenstiel,
> Mahlt der Müller in der Mühl',
> Köchin, koch mir einen Strud'l,
> Oder eine Kirchweihnud'l!

Das Rühren macht aber curios müd! Jetzt muß ich einmal die Suppen kosten. (Nimmt einen Löffel voll, Flammen sprühen auf und der Teufel schaut aus dem Kessel.) Auweh, auweh! das ist eine curiose Dampfnud'l!

Teufel.

Prrrrrrrrr. (Stößt mit den Hörnern.)

Kasperl.

Wart, Du verflixter Leberknöd'l. (Stößt ihn hinein. Teufel fährt wieder heraus und packt den Kasperl.) Auweh, auweh! – Meister, erschein, erschein!

Zauberer. Kasperl.

Zauberer.

Ha! ich merke, Du hast die Probe nicht bestanden!

Kasperl.

Freilich hab' ich nix verstanden, was der Kerl da drin g'wollt hat.

Zauberer.

Wenn Du mir nicht besser dienst, so werde ich Dich selbst in diesem Kessel sieden.

Kasperl.

So? mich, in dem Suppenhafen da?

Zauberer.

Ja! Allein zuvor ist es nöthig, daß ich Dich in einer Retorte zersetze.

Kasperl.

Was? in einer Rehtorten zerfetzen? Was ist denn das? da wär mir doch lieber, wenn S' mich in ein' Punschtorten stecken wollten.

Zauberer.

Weißt Du nicht, was eine Retorte ist?

Kasperl.

Nein!

Zauberer.

Ein Gefäß, meistens aus Glas, in welchem die Chemiker ihre Analysen machen.

Kasperl.

Gehn S', hörn S' auf mit dem dummen Zeug.

Zauberer.

Kurz und gut. Auch ohne Retorte; in diesem Kessel wirst Du versotten.

Kasperl.

Da hätt' ich ja nicht einmal Platz drin!

Zauberer.

Du, nicht Platz darin? D'rinnen habe ich schon die größten Riesen verkocht!

Kasperl.

Ich bin aber kein Ries. Steck'n S' nur selbst die Nasen hinein. Die Maschin ist ja schon ganz voll.

Zauberer.

Ei was, das kann nicht seyn; denn es fehlen noch dreitausend Ingredenzien zur Mixtur. (Schaut in den Kessel, indem er sich hinüberbeugt.)

Kasperl.

So, nur recht hineing'schaut! Geben S' Acht, daß Sie sich die Nasen nit verbrennen.

(Stößt ihn von rückwärts in den Kessel. Explosion, wobei Kasperl in die Luft fliegt und nach einiger Zeit wieder herabfällt.)

Auweh, auweh! das war aber eine Luftfahrt! bis an den Mond hinauf! No! aber da schaut's aus in dem Mond d'rin! Das ist gar kein Spaß da oben. Erstens gibt's nix als mondsüchtige Leut und Mondkälber. Es ist nur ein Wunder, daß mich die nit g'fress'n haben. Aber vor den Wirthshäusern hab' ich allen Respekt. Ich bin in drei Gasthöfen eingekehrt: Zuerst im silbernen Mondhörnl. Prächtig! – Nachher im goldenen Mondschein! Ach! da wär' ich bald nimmer herausgekommen! Und zuletzt in der schwarzen Mondsfinsterniß, das ist eigentlich ein gemeines Bierhaus! Da hat mich der große Mann im Mond gleich 'nausg'worfen und so bin ich auf die geschwind'ste Manier wieder auf die Erden herunter gefall'n. Aber jetzt hab ich en g'waltigen Durst! wo ist denn das nächste Wirthshäusl! Na ich geh' gleich zum »Abenthum« oder zum »blauen Stern« da drüben. Vielleicht sitzt der Ritter Kuno auch schon beim Bier.

Und Ihnen, meine großen und kleinen Herrschaften habe ich die Ehre eine recht gute Nacht zu wünschen. Juhe! Und jetzt ist die Comödie aus!

II.
Kasperl als Professor.
Ein philosophisches Lustspiel.

Kasperl als Professor.
Ein philosophisches Lustspiel.

(Ein Studierzimmer.)
Kasperl.

langweiliges Leben! Bedienter bei einem gelehrten Professor zu seyn! Das ist etwas Schreckliches! E r s t e n s : darf man den ganzen Tag nicht muxen; rührt man sich nur ein wenig, so heißt's gleich: »Still Bursche! Du störst meinen Ideengang!« und was ist denn eigentlich so ein Ideengang? Ich kenn' nur den Gang in's Wirthshaus. Z w e i t e n s : krieg ich keinen Lohn, aber dafür auch nichts zu essen; denn mein

Herr sagt immer, das Essen sey eigentlich ungesund; denn es laßt den Geist nit aufkommen. Ich verlang' mir aber keinen Geist, sondern was für den Magen oder einen Branntweingeist. Aber mein Herr kann furchtbar hungern. Ich glaub' sein Magen muß mit lauter Geist ausgefüllt seyn. Ich werd' noch aus Verzweiflung so ein paar alte Bücherschartecken auffressen. Wenn's gekocht ist, muß das Pergament gar nicht schlecht schmecken. Ich will's einmal probiren. So! etwas in Wasser gesotten, gibt das eine Art Rumfortersuppen. Auweh! jetzt hör' ich den Professor aus dem Collegium kommen. Er trappt schon die Stiegen herauf.

Professor Wassermaier (tritt ein).

Kasperl.

Kasperl.

Was befehlen Sie, Herr Professor?

Professor.

Bringe mir mein Frühstück!

Kasperl.

Ja, was soll ich denn bringen? Es ist ja nichts Genießbares im ganzen Logis.

Professor.

Gehe an den Brunnen und hole mir ein Glas Wasser; Wasser, Wasser ist der Quell des Lebens. Wasser ist der Urstoff der Schöpfung; Wasser ist das elementare Fluidum, aus welchem sich alle Stoffe entwickelt haben und in den sie wieder zurückkehren.

Kasperl.

Sie kommen mir allweil mit dem Urstoff. Von mir aus können Sie d'ran satt werden, aber meinerseits dank' ich gehorsamst dafür.

Professor.

Das verstehst Du nicht! Geh', bringe mir ein Glas Wasser!

Kasperl (geht ab).

Professor.

Endlich hoffe ich mit meinem System der Philosophie durchzudringen. Meine Gegner werden bald schweigen müssen. Ja! Wasser als Grundlage alles Geschaffenen angenommen – das ist etwas Neues! Die Centralisirung auf das Flüssige läßt sich schon auf chemischem Wege aus der Natur selbst nachweisen; denn Alles ist zuletzt lösbar in flüssiger Materie!

Kasperl (kömmt mit einem Glas Wasser).

Da ist Ihr Frühstück, Herr Professor! Ich wünsch' guten Appetit.

Professor (geht mit dem Glas Wasser ab).

Nun will ich ein wenig ruhen!

Kasperl (allein).

Ruhen Sie von mir aus, so lang Sie wollen. Ich muß einstweilen wie gewöhnlich hungern; da kann mein Magen ruhen. (Es schellt am Hause.) Hoho, wer läut't denn! Gewiß wieder eine Visite von einem gelehrten Narren; denn ein gescheidter Mensch kommt doch das ganze Jahr nit in's Haus. (Ruft hinaus.) Wer will herein?

(Stimme von außen.)

Wohnt hier der Herr Professor Wassermaier?

Kasperl.

Aha! ein fremder Gelehrter! Den will ich etwas fexiren. (Ruft.) Nur herauf, die Thür ist offen. Jetzt zieh' ich den alten Schlafrock meines Herrn an und stell' den Herrn Professor vor. (Verkleidet sich.) Weil mich der Herr Professor halb aushungern läßt, so werd' ich es versuchen, diesem unvorsichtigen Fremdling durch List oder Gewalt einiges Geld zu entlocken.

Tintenklexer. Kasperl.

Tintenklexer (unter Verbeugungen eintretend).

Habe ich die Ehre, den Herrn Professor Wassermaier zu sprechen?

Kasperl (immer in affektirtem Hochdeutsch).

Sie haben die Öhre.

Tintenklexer.

O, wie glücklich schätze ich mich, solch' einen berühmten Mann kennen zu lernen.

Kasperl (mit Herablassung).

Und wen habe ich die Öhre bei mir zu sehen?

Tintenklexer.

Ich bin Tourist und mein Name ist Tintenklexer.

Kasperl.

Sie sind also Schnurrist und Ihr Name ist – – ?

Tintenklexer.

Tintenklexer –

Kasperl.

Tintenklexer? – Aha, ich verstehe: Ihre Beschäftigung ist also Tintenklexe zu machen.

Tintenklexer.

Verzeihen Sie, verehrtester Herr Professor – ich begreife nicht – – ich bin, wie gesagt – Tourist und beschäftige mich, alles Interessante auf meinen Reisen zu sammeln –

Kasperl.

Ich finde das sehr interessirt von Ihnen.

Tintenklexer (für sich).

Ein sonderbarer Mann! (Zu Kasperl.) Vor Allem war es mir von höchstem Werthe bei meinem hiesigen Aufenthalte, den Erfinder des neuen neptunischen Philosophems persönlich kennen zu lernen.

Kasperl (sich vergessend).

Was schwatzen Sie daher? – (Sich besinnend.) Ja so! Ich verstöhe. Allerdings, gewissermaßen – Allein demungeachtet insoferne nicht nur allein, sondern auch –

Tintenklexer.

Es wäre mir höchst wichtig, aus Ihrem Munde einige nähere Erörterungen zu vernehmen, inwiefern Sie den Vulkanismus so ganz und gar umgehen können. Ich bin darüber ganz und gar nicht im Klaren.

Kasperl.

Ich auch nicht. Doch lassen wir das. Sagen Sie mir lieber, ob Sie Geld bei sich haben?

Tintenklexer.

Wie? Herr Professor, ich verstehe Sie nicht.

Kasperl.

Ich werde mich also deutlicher ausdrücken. Leihen Sie mir gefälligst fünf Gulden.

Tintenklexer.

Herr Professor? Ich finde es sehr sonderbar, daß Sie, nachdem Sie kaum meine Bekanntschaft gemacht haben, mit derlei sonderbaren Zumuthungen – – –

Kasperl.

Ich finde es auch sehr sonderbar; aber wenn Sie mir nicht gleich die fünf Gulden geben, so schlage ich Ihnen Eine auf Ihren Schädel hinauf, daß Sie daran denken werden.

Tintenklexer.

Welche Arroganz! und wie – S i e sollten wirklich der berühmte Wassermaier seyn?

Kasperl (im alten Tone).

Wassermaier hin, Wassermaier her; ich versteh' kein' G'spaß und das werd' ich Ihnen gleich beweisen. (Gibt ihm eine Ohrfeige.)

Tintenklexer.

Unverschämt. Ich verlange Genugthuung!

Kasperl.

Wenn Sie noch nicht g e n u g haben, kann ich mit mehr aufwarten. (Prügelt ihn.)

Tintenklexer.

Weh mir! Welche Rohheit!

Kasperl.

Was Rohheit! (Balgerei; Kasperl schlägt ihn zu Boden.) Da liegt der Tintenklex! – Jetzt nur gleich seine Taschen visitirt. Aha! Ein Geldbeutel! bis er von seiner Ohnmacht wieder aufwacht, werd' ich dieses unfreiwillige Staatsanlehen auf nationalökonomische Zwecke verwenden, d. h. in's Wirthshäusl gehen. (Ab.)

Tintenklexer (erwacht allmählig).

Ha! welch' schmähliche Behandlung! So Etwas ist mir unter den Wilden nicht geschehen! Und dieß ein Professor, ein Philosoph! Ich werde mich rächen und die Hülfe der Gerichte in Anspruch nehmen, damit dieser Frevler bestraft werde. (Ab.)

Professor Wassermaier.

Der Schlaf hat mich gestärkt! Das Fluidum hat geruht, um zu neuen Wellenbewegungen des Geistes zu erwachen. Ich fühle schon, wie ein Tropfen nach dem andern aus dem Meere des Lichtes herabfällt, um sich an der Gehirnhöhle zu cristallisiren. – Nun will ich an dem zweitausendsten Paragraphe meines Systems arbeiten. (Schlägt ein Heft auf.) »Aha! das Wasser in der vierten Schöpfungsperiode als verkörperter Organismus sich setzend und Niederschläge bildend« – – (Es klopft stark an der Thüre.) Wer klopft? Kann ich keine Ruhe haben? Kasperl, wo bist Du?

Ein Polizeidiener (tritt ein).

Sie sind arretirt.

Professor.

Wie? Ich arretirt? – aus welchem Grunde?

Polizeidiener.

Man hat eine hohe Polizei nie nach dem Grund zu fragen. Sie gehen mit mir. Es ist keine Manier, die Leute in Ihrer Wohnung zu prügeln.

Professor.

Unverschämt! Sie müssen durch eine unrechte Thüre gegangen seyn. Ich bin Professor Wassermaier.

Polizeidiener.

Ja, Wassermaier! das ist mein Mann! (Packt ihn beim Kragen und schleppt ihn fort.)

Professor (schreit).

Gerechtigkeit! Gerechtigkeit! Ein Irrthum in der Person! (Beide ab.)

Kasperl.

Juhe! Jetzt hab' ich gerad' meinen Herren begegnet, wie man ihn auf die Polizei geführt hat. Da werden's ihm seine Wasserphilosophie schon austreiben; denn ich hoff', daß er für mich eine ordentliche Portion Prügel bekommt. Geschieht ihm aber gerad recht: warum hat er mich in seinen Diensten so aushungern lassen, daß ich selber beinah zu einem Wassergeist worden bin. Ich geh' in einen andern Dienst und find' ich keinen Herrn, so bleib ich mein eigener Herr und schaff mir selbst an.

(An's Publikum gewendet.)

Wenn vielleicht von Ihnen da unten Jemand einen treuen, soliden Bedienten braucht, so steh' ich gleich zu Diensten und sehe mehr auf gute Behandlung als auf guten Lohn. Wenn ich nur alle Stunden Etwas zum Essen und Trinken und nix zu arbeiten hab', dann wird gewiß meine Herrschaft mit mir zufrieden seyn. So – und jetzt mach ich mein höfliches Kompliment. Wenn Ihnen die Komödie etwas zu gelehrt war, so ist das nur Ihre eigene Schuld – da müßten Sie halt für ein anders Mal zuvor zum Herrn Professor Wassermaier in die Schul gehen.

III.
Madame Kasperl.

Ein Schauspiel, in welchem auch der Teufel in Person vorkommt.

———

Madame Kasperl.

Ein Schauspiel, in welchem auch der Teufel in Person vorkommt.

Kasperl (kommt aus seinem Hause heraus).

Jetzt hab' ich aber bald das Leben satt. Mit meiner Grethl halt' ich's nimmer aus. Schlipperment nochemal! wenn ich sechs Knödl essen will, so kocht s' mir nur drei und von denen ißt sie selber zwei und den dritten hebt sie zum Nachtessen auf. Frag' ich: was bleibt nachher mir, dem Kasperl? – Die leere Schüssel! Lass' ich mir zwei Mäßl Bier hol'n, so probirt sie so lang d'ran, ob's gut ist, bis nix mehr im Krug ist. Frag ich:

was bleibt nachher dem Kasperl übrig? – 's Hineinschau'n und der Durst! Will ich eine Wurst essen – und das ist doch meine Leibspeis von Haus aus, weil ich der Wurstl bin – nun, so frißt sie die Wurst und mir gibt sie die Haut! Schlipperdibix! Aber jetzt weiß ich, was ich thu. Ich geh' in die Welt hinaus und laß mein Grethl allein zu Haus, nachher wird sie schon sehen, daß der Kasperl ihr abgeht; und wenn's vor Sehnsucht nach mir beinahe die Schwindsucht hat, komm ich wieder heim. Da wird sie's wohlfeiler geb'n. (Ruft.) Grethl! Herzensschneckerl, komm e bißl 'runter zu mir!

Grethl (von Innen).

Nu', was gibt's dann wieder? kann ich en ganzen Tag keine Ruhe haben vor Dir!

Kasperl.

Herzensweiberl, Goldkäferl – ich muß Dir was Wichtiges sagen. Ich kann aber die Stieg'n nit steigen, denn ich hab mir meinen linken Däumling verrenkt.

Grethl.

Oho! das ist gewiß wieder nicht wahr. Aber wart, ich komm' schon mit 'm Kehrbesen!

Kasperl.

O Du lieb's Mauserl! (für sich) alte Katz – laß Dich jetzt noch Einmal umarmen.

Grethl.

Was sind denn das wieder für Spaß?

Kasperl.

Keine G'spaß – schwarzhaftiger Ernst! Gib mir ein Bußl auf meine heißglühenden Abschiedswangerln!

Grethl.

Du bist und bleibst ein Narr.

Kasperl (weint).

O Grethl! Leb wohl! (ich muß mich nur verstellen). Leb wohl! Ich muß eine wichtige Reis machen.

Grethl.

Was Reis? da bleib'st! wer soll mir denn's Wasser tragen, wenn Du fort bist?

Kasperl (weint immer heftiger).

Nix mehr Wasser tragen! Ich muß fort. Ich hab' einen Brief kriegt und da steht nix drin; aber ein weitläuftiger Verwandter hat mir geschrieb'n, daß ich eine Erbschaft gemacht hab' und die muß ich abholen.

Grethl.

Das ist wieder eine Lüg'. Ich wett' drauf.

Kasperl.

Weiberl! ich lüg niemals; höchstens geh' ich ein bißl mit der Wahrheit spazieren, siehst es, drum muß ich fort. Ich bring' Dir einen Sack Geld mit.

Grethl.

So? einen Sack Geld? Ja woher denn?

Kasperl.

Nun, ich hab Dir's ja g'sagt! von mei'm verstorbenen Amerikanischen Millioneservetter.

Grethl.

Dießmal will ich Dich fortlassen; wenn Du aber ohne Geld heimkommst, nachher paß auf!

Kasperl.

Ich paß alleweil auf und hab noch nix erpaßt.

Grethl.

Kurz und gut! Du kennst mich – also richt Dich darnach. Adie! Aber länger als 8 Tag darfst mir nit ausbleib'n.

Kasperl.

Ich komm so bald ich kann. Adie! Adie! (weint wieder. Umarmung.)

Grethl (geht ins Haus).

Kasperl.

Juhe! Meinen Urlaub hab' ich! Jetzt geh' ich aber gleich ins Wirthshaus in den »blauen Bock« und bockulire ein wenig. Und nachher geh' ich wieder nach Haus und schau nach meiner Grethl, ob's ihren Kasperl noch nit vergessen hat. Oho! was kommt denn da für e Figur daher?

Jude (mit einem Sack auf dem Rücken).

Nix zu handle, schöner Herr? keine alte Kleider, oder sonst was?

Kasperl.

Bonjour, Monsieur Jud! Kommen Sie von Jerusalem?

Jude.

Komm ich net aus Jerusalem, komm ich grad von Frankfurt her, über Nürnberg.

Kasperl.

Über Hirnberg, nicht weit vom Capitolium.

Jude.

Wird doch der Herr wissen, wo die grauße Handlungsstadt Nürnberg liegt.

Kasperl.

Die g r a u ß e Stadt Nürnberg, wo die Nürnbergerleckern an die Bäum' wachsen?

Jude.

Hab ich doch nie gehört, daß die Nürngeberger Lebkuchen an die Bäum gewachsen sind.

Kasperl.

So was versteht freilich ein Jud nit. He, Judus, gib mir Deinen Sack.

Jude.

Was soll ich hergeben meinen Sack? Ist der Sack doch mein Sack zum Masematten machen.

Kasperl.

Da hast Du ein paar Masematten. (Schlägt ihn.)

Jude.

Auwai geschrie'en! was schlägt mich der Herr!

Kasperl.

Ich bin kein Herr, ich bin der Kasperl! (Pufft ihn.)

Jude.

Auwai geschrie'n! Was haut mich der Herr Kasperl?

Kasperl.

Ich bin nit der Kasperl, ich bin der Hanswurstl. (Schlägt wieder.)

Jude.

Auwai geschrie'n! Weiß ich noch net, wie ich soll heißen den Herrn Kasperl Hanswurstl.

Kasperl.

Dem Zweifel woll'n wir gleich ein End machen! Wart nur, Du verflixter Masemattenjud! (Schlägt ihn todt.) So – jetzt ist der Jud todt! Was will der Jud mehr? Hinein mit ihm in sein' Sack. Im Wirthshaus wird die Fortsetzung meines Triumphes gefeiert mit verschiedenen Opfern, als da sind zwölf Maaß Bier und zwei dutzend g'salzene Bretzeln! (Ab.)

Offizier (spricht sehr affektirt).

So ebigen ist mir gemeldet wordigen, daß ein Jud erschlagigen wurde! Ha! meine Pflicht ist es, den unschuldigen Mörder dieses Handelsmannigen auszuforschen. Potz Donner und Kanonenpulver!!

Grethl.

Was ist denn das für ein Geschrei?

Offizier.

Wissen Sie vielleicht Madamigen, ob hier ein Jude erschlagigen wordigen ist?

Grethl.

Ich hab die Ehre mein Compliment zu machen, Herr Offizier.

Offizier.

Ich habe ebenfallsigen die Öhre! und frage nochmaligen wegen dieser abscheulichen Unthat.

Grethl.

Ich bin ganz ruhig beim Caffe g'sessen und da hab ich auf einmal ein furchtbares Geschrei gehört und bald darauf hab ich nichts mehr gehört.

Offizier.

Dieses Geschrei scheint mir schon verdächtigen und ich wittere Blutspurigen! Blitzflintenlauf!

Grethl.

Ach! verschrecken S' mich nit so! Ich fürcht' überhaupt das Militär ungeheuer.

Offizier.

Sie habigen nichts zu fürchten, Madamigen. Ich liebe das schönigen Geschlechtigen sehr und ein Offizier bleibt immer ein Offizier!

Grethl.

O wie gütig und höflich Sie sind! Darf ich Sie vielleicht einladen, bei mir ein Tass' Caffe zu trinken?

Offizier.

Der Caffe ist zwar ein weibisches Getränk, jedoch ausnahmsweisigen will ich mich herbeilassigen.

Kasperl (schaut herein).

Grethl.

Ich werde dem Herrn Hauptmann auch ein Glas Liqueur vorsetzen.

Kasperl (hereinschauend).

Oho! was wär' denn das! Ich kriegs ganz' Jahr z' Haus kein Liqueur zu riechen.

Offizier.

O Madame, Sie beschämigen mich durch Ihre Gastfreundlichkeit. Mit Vergnügigen folg' ich Ihnen in's Haus.

Grethl.

G'horsamste Dienerin. (Mit dem Offizier ab.)

Kasperl.

Oho, oho! das ist a G'spaß! Kaum bin ich aus 'm Haus, so kommen schon Caffe-Visiten zu meiner Frau auf eine Schnapsparthie! Diesem Offizierlinge sey ewige Rache geschworen; aber wenn ich nur wüßt' wie ich's anfangen soll? Ja wenn der Offizier nit ein Militär wär, hätt' ich schon Schneid; aber den Säbel fürcht' ich. Jetzt muß ich schau'n, daß ich mich verkleiden kann, damit 's mich nit kennen, nachher woll'n wir schon sehn, was weiter z' machen ist. Wenn ich als Bett'lweib komm, werd' ich wohl am besten thun. So – jetzt hol' ich mir von der dicken Obstlerin einen Unterrock – nachher kennt mich kein Mensch. Wart', treulose Grethl, heut' kehr' ich den Stiel einmal um! (Ab.)

Offizier (kommt etwas benebelt aus Kasperls Haus und singt).

> Das ist ja ganz charmantigen,
> Ein bischen auch betrunkigen,
> Der Caffe war sehr gut!
>
> Frau Kasperl allerliebstigen
> Gab mir den besten Schnapsigen,
> Ganz heiß wallt nun mein Blut!

Charmant, charmant! das ist eine vortreffliche Frau, die Madame Kasperl! – ich werde öfters bei ihr einkehrigen, denn da gibt's guten Caffe und trefflichen Branntewein! Aber wie sie mir sagt, ihrem einfältigen Männigen gibt sie niemals dergleichigen!

Kasperl,
(als altes Weib, mit einer Butten, ein Wickelkind darin, das immer schreit, singt):

> Ich bin ein altes Bettelweib
> Und komm mit einer Kraxen,
> Ich zitter' schon am ganzen Leib,
> Kaum tragen mich die Haxen.
>
> Und meine Kraxen ist wohl schwer
> Weil drinnen liegt ein Kindl,
> Vor Hunger schreit das Kindl sehr
> Und macht in seine Windl.
>
> Ihr guten Leut' schenkt mir doch was,
> Hab' weder Schmalz noch Eier,
> Der Hunger ist halt gar kein G'spaß
> Und's Korn ist jetzt so theuer!

Gehn's, schöner Herr, schenken S' mir ein paar Kreuzer, ich hab' den ganzen Tag nix gegessen (für sich) aber desto mehr trunken – (laut) schenken S' mir was!

Offizier.

Potz Bomben und Kartätschenelement! Was ist das für eine Bettelei! Marsch, alte Hexe!

Kasperl.

Ich bin kein' alte Hex – aber Sie sind ein Fex!

Offizier.

Wie? Was? Welche Impertinenzigen muß ich hören?

Kasperl.

Ich bin halt ein altes Weib und hab's Complimentenmachen nit g'lernt.

Offizier.

Was Complimenten? Potzgrenadiergardelement, ich will ihr die Höflichkeit lehrigen! (Will schlagen.)

Kasperl.

Warten's e wenig, Sie uniformirter Grobian. Ihnen werd' ich doch noch Herr!

Offizier.

Ha! ich muß lachigen, wenn ich so etwas höre! Mache sie sich aus dem Staubigen, Weibsbild!

Kasperl.

Wer hat dann Ihnen erlaubt, während der Herr von Kasperl verreist ist, ihm seinen Kaffe und sein Likori wegzutrinken?

Offizier.

Wie, was? wegtrinkigen? Was geht Dich das an, altes Bettelweib.

Kasperl (schlägt ihn in's Gesicht).

So viel geht's mich an!

Offizier.

Ha! ich werde meinen Säbel ziehen und Dich mit flacher Klinge züchtigen.

Kasperl.

Und ich werd' mein Kindl aus der Kraxn nehmen und den Herrn Säbel-Inhaber recht 'rumhauen!

Offizier.

Versuch' es, Elende.

(Schlägerei, bei welcher Kasperl dem Offizier die Butte über den Kopf stürzt.)

Kasperl.

So, Du Eisenfresser, jetzt hab ich Dich sammt mei'm Caffe und meinem Schnapslikori in meiner Butten drin.

Offizier (aus der Butte schreiend).

Verdammte Hexe! laß mich heraus'!

Kasperl.

Nix heraus!

Offizier.

Ich werde ersticken!

Kasperl.

Das wird mich nicht viel zwicken!

Offizier.

Ich fange an zu sterbigen.

Kasperl.

Sterbige, rauher Krieger!

Offizier (mit matter Stimme).

Auweh! auweh! ich bin todt!

Kasperl.

Ha! jetzt ist mein Rachedurst gesättigt! – Juhe! jetzt lauf ich mit meinem erschlagenen Feind fort und werf'n in den nächsten Bach.

Stimme (in der Butte).

Weh, weh! mäh, mäh!

Kasperl.

Was ist denn das? hat sich der Offizier in en Geißbock verwandelt? – da muß ich gleich nachschaun. (Kasperl kehrt die Butte um. Teufel springt heraus.)

Teufel.

Prrrrrrrr!

Kasperl.

Oho! was ist denn das für ein schwarzer Tintenwischer!

Teufel.

Prrrrrr! (Stößt den Kasperl.)

Kasperl.

Prrrrr! (Schlägt und stößt den Teufel.)

(Gegenseitiges Hin- und Herstoßen, endlich stößt Kasperl den Teufel in die Butte, stürzt sie um und setzt sich drauf.)

Kasperl (singt):

Der Teufel in der Kraxen drin –
Und ich sitz da heraußen;
Darum weil ich der Kasperl bin,
Mach ich nit viele Flausen!

Jetzt schrei ich gleich so, daß mein Grethl meint, ich steck am Spieß, nachher laß ich den Teufel auf sie los, damit ich s i e los werd. (Ruft.) Grethl, Weiberl, Zuckerl, Engerl! ich bin wieder da – aber ich kann das Geld, das ich mitgebracht hab, nit allein hinauftragen!

Grethl (von Innen).

Mein Kasperl! bist wieder da?

Kasperl.

Ja freilich bin ich wieder da und zweitausend Dukaten hab' ich mitgebracht.

Grethl (kömmt).

O Du Herzenskasperl! Dukatenkasperl! komm an mein Herz!

Kasperl.

Komm Du an das meinige! Ich kann nit von der Butten herunter, sonst fliegt mir das Geld davon!

Grethl.

Ich komm schon! Jetzt sind wir reiche Leute!

(Duett):

Grethl.
Wie glücklich werden wir jetzt seyn!
Kasperl.
Ich sauf den allerbesten Wein.
Grethl.
Wir kaufen uns ein eig'nes Haus.
Kasperl.
Da schauen dann zwei Affen 'raus.
Grethl.
O lieber Ka- Ka- Ka- Ka- Ka- Ka- Kasperl!
Kasperl.
O liebes He- He- He- He- Herzenshasperl!
Beide.
Wir werden glü- glü- glü- glücklich seyn!
(Sie tanzen.)

Kasperl.
Aber jetzt schau einmal hinein in die Geldbutten; gib aber Acht', daß Dich die Dukaten nit blenden; 's könnt Dir die Augen verderben.
(Grethl schaut unter die Butten, Kasperl läßt den Teufel heraus, der die Grethl schopfbeutelt und mit ihr unter Flammen versinkt.)
Kasperl.
Das war eine geschwinde Expedition! So, jetzt hat – wie man zu sagen pflegt – der Teufel Eine geholt! Arme Grethl! (Fangt zu weinen an.) So war's nicht gemeint! wenn er Dich nur so etwas am Schopf g'nommen hätt, ich wär' auch zufrieden g'wesen!
Nun – ich muß mir halt en andere Frau wählen; vielleicht hätt' eins von den hübschen Mäderln da unten (ans Publikum gewandt) Lust, mich z'heirathen! bin ich nicht ein schöner junger Mann! bin ich nicht der Kasperl – alleweil lustig und fidel? – – Nu! – hab'ns keine Kuraschi? – –
Wissen Sie was? wollen wir uns bis morgen besinnen! Und wenn mich Eine von Ihnen heiraspeln will, so lassen's mir's morgen früh sagen! Einstweilen mach ich mein schönes Compliment.

IV.
Kasperl als Nachtwächter.
Ein Nachtstück.

Kasperl als Nachtwächter.
Ein Nachtstück.

(Stadt. Nacht.)

Kasperl (etwas benebelt vor seiner Thür und singt):

    etzt komm ich halt grad aus'm Wirthshäusl 'raus,
    Ich hab ein kleines Räuscherl und mach mir'nix d'raus!
    Du herzliebe Grethl, laß mich jetzt hinein,
    Der Hausschlüss'l sperrt nit, das Loch ist zu klein!

Grethl, Grethl! Herzallerliebstes Weiberl! Mach mir's Hausthor auf! Ich hab mich ein bißl verspätet auf dem Spaziergang!

Grethl (schreit aus dem Fenster).

Wart' Du Lump! Du kommst mir nicht herein heut! Kannst im Wirthshaus schlafen oder auf der Straße!

Kasperl.

O Du zuckersüßes Herzkäferl, verstoße Deinen treuen Gatten nicht! Ich will gewiß recht brav seyn! Ich bitt Dich gar schön! Nur dießmal verzeih mir! – – Sie hört nicht! (Weint.) Was fang' ich jetzt an, ganz allein in der großen Stadt? Das ist kein G'spaß bei der Nacht da herzusteh'n!

Nachtwächter (hinter der Szene).

Ihr Herren und Frauen laßt euch sagen,
Der Hammer hat zwölf Uhr g'schlagen!

(Die Thurmuhr schlägt zwölf Uhr.)

Kasperl.

Auhweh! jetzt schlagt's Mitternacht! Das ist die Stunde, wo die Geister aus dem Caffehaus nach Haus geh'n! Auweh! Und der Nachtwächter kommt auch daher! Den muß ich ein bißl erschrecken. (Versteckt sich.)

Nachtwächter (mit Spieß und Lanterne).

Ihr Herren und Frauen laßt euch sagen,
Der Hammer hat zwölf Uhr geschlagen!
Gebt Acht auf Zündhölzl und auf Licht,
Damit nicht ein Malheur geschieht!
Denn die Zündhölzeln brennen gar gern!
Alle guten Geister loben Gott den Herrn!

Kasperl (mit schauerlicher Stimme).

Brum, brum, brum!

Nachtwächter.

Was ist denn das für eine verdächtige Stimme?

Kasperl.

Dumm, dumm, dumm!

Nachtwächter.

Wenn's nur kein Gespenst ist! Mit dem will ich nix zu schaffen haben und's steht auch nix in meiner magistratischen Nachtwächter-Instruktion von wegen der Gespenster was drinnen. Ich hab's nur mit Feuer und Licht und mit Dieben zu thun. Von einem Geist oder so was hab' ich auf'm Rathhaus noch nie was gehört.

Kasperl.

Weh, weh, weh! Ich bin ein Geist!

Nachtwächter.

Wenn ich nur wüßt wie er heißt!

Kasperl.

Ich bin der Geist des verstorbenen Spritzenmeisters, der sich in der Feuerspritzen ersäuft hat, und muß jetzt umgeh'n!

Nachtwächter.

Auweh! Ein Selbstmörder! die fressen alle Nachtwächter, hab ich gehört.

(Läßt Spieß und Lanterne fallen und läuft davon.)

Kasperl.

No, das ist einmal ein Hasenfuß! Jetzt mach ich den Nachtwächter.

(Nimmt Spieß und Lanterne und schreit.)

Ihr Herren und Frauen laßt euch klagen,
Der Kasperl hat nix mehr im Magen,
Die Glocken hat jetzt zwölf Uhr g'schlagen,
Der Teufel nimmt euch all' beim Kragen!

Oho! was kommt denn da für ein kurioser Kerl daher, der muß aber bedeutend zuviel in's Glas gekuckt haben, denn sein Gesicht ist ganz burgunderweintransparent und seine Nasen glüht wie Karfunkel. Ich will mich etwas retiriren und unbemerkt ihn observiren.

Der Vollmond (tritt auf).

Heut steh ich im Kalender nicht,
Der Himmel brauchet nicht mein Licht,
Drum mach ich in der freien Stunde
Für mich allein nun eine Runde!
Vielleicht find ich wo einen Schatz,
Der mir gibt einen süßen Schmatz,
Der Himmel ist ja stockpechdunkel,
Da laßt sich machen ein Gemunkel!
Die Sternlein, meine Amts-Kollegen,
Die haben sich in's Bett gelegen;

Verliebt ist nur der Mond allein,
Romantisch ist sein Herzensschein!
Wenn mir nur kein Poet begegnet,
Damit's nicht ein Gedichtlein regnet,
Mein Zimmer ist austapezirt
Mit Liedern, so mir dedizirt!
(Er nießt.)

Kasperl.

Zur Gesundheit!

Mond.

Vergelts Gott! – Ja! die Nachtluft kalt
Die bringt den Schnupfen gar zu bald.
Am Himmel aber ist's so schwül,
Daß 's mir auf Erden schon zu kühl!
(Nießt wieder.)

Kasperl.

Zur Gesundheit! – ich wünsch' recht guten Abend. Wer sind Sie denn eigentlich? Wissen Sie nicht, daß die Nachtschwärmerei polizeilich verboten ist und daß der Nachtwächter Sie veraretiren wird.

Mond.

O Freund! laß mir die Schwärmerei!

Kasperl.

Was kümmert mich die Narretei!

Mond.

Laß ungestört mich zieh'n den Weg!

Kasperl.

Zuvor bekommst Du aber Schläg'!

Mond.

O sey nicht grausam! schone mein;
Ich bin der sanfte Mondenschein!

Kasperl.

Mir ist viel lieber ein Gläsl Wein!
Marsch fort! sonst schlag ich gleich darein!

Jetzt hörn's auf mit dem Versmachen da! Ich versteh' keinen Spaß.
(Sticht ihm mit der Hellebarde in's Gesicht, welches verdunkelt.)

Mond.

Weh mir! erloschen ist mein Licht,
Er stach mich mitten in's Gesicht!
(Verschwindet.)

Kasperl.

No, das ist eine saubere Geschicht! Jetzt hab' ich Einem die Augen ausgestochen. Ob der noch nach Haus findt, das weiß ich nicht! Nun, so geht's ihm halt wie mir, der muß auf der Straßen übernachten; schad't ihm auch nichts – Oho! Da kommt ja wieder eine Figur zum Vorschein!

Tod (in einen Mantel gehüllt).

Schauerlich ist's in der Nacht,
Wo kein Stern am Himmel lacht;
Da kann ich mich amüsiren
Und vortrefflich spioniren,
Ob ich nicht ein Opfer find',
Es zu rauben ganz geschwind.

Kasperl.

Wer da?

Tod.

Der da!

Kasperl (hält den Spieß vor).

Der da! wer ist »der da«? Antwort, oder ich spieß drauf los!

Tod.

Magst Du spießen wie Du willst, Sterblicher, an mir prallen Deine Waffen ab!

Kasperl.

Was ist das für ein Windbeutel?

Tod.

Vergebens spießest Du auf mich los,
Unmächtig ist des Spießes Stoß!

Kasperl.

Das war auch wieder was Neues! wenn's nicht mit dem Spießen geht, so kehr' ich den Stiel um und klopf Dich auf den Schädel!

Tod.

Verwegener, klopfe nur und klopf,
Ich nehme Dich sogleich beim Schopf!

Kasperl.

Klopf, Schopf – wart' nur elender Tropf!

(Handgemeng und Prügelei, der Tod fällt und verschwindet.)

Da liegt der Lümmel, dem hab' ich den Garaus gemacht!

Ihr Herr'n und Frauen laßt euch sagen,
Der Kasperl hat Ein'n todt geschlagen!

(Der Hahn kräht.)

Jetzt kräht auch schon der Gockelhahn,
Steht auf! es bricht der Morgen an!

Der Gockelhahn (tritt auf).

Kikeriki, kikeriki!

Kasperl.

Ah! schön guten Morgen, Herr Gockelhahn! Sind Sie auch schon auf?

Hahn.

Kikeriki, kikeriki!

Kasperl.

Ich wünsch' wohl aufgestanden zu haben! Auf was für einem Dunghaufen haben Sie denn heut Nacht zu ruhen geruht!

Hahn.

Kikeriki, kikeriki!

Kasperl.

Ja, können Sie denn gar nichts anders herausbringen, als das dumme kikeriki, kikeriki? das ist ja ungeheuer langweilig!

Hahn.

Kikeriki, kikeriki!

Kasperl.

Ja, wissen Sie was? dem Geschrei woll'n wir gleich ein End machen. Ein gebratener Gockelhahn ist auch kein schlechtes Essen! Und wenn ich meiner Grethl einen Braten nach Haus bring, da wird sie gleich wieder guten Humors werden. (Sticht den Hahn todt.)

Hahn (sterbend).

Kikeriki, kikeri, ki, ki, ki, ki!

Kasperl.

So! jetzt ist's aus mit dem kikeriki, und die Leut' können noch ein Stündl ruhig schlafen! Grethl, Grethl! mach auf!

Grethl (aus dem Fenster).

Was gibt's wieder, liederlicher Bursch?

Kasperl.

Nix da liederlicher Bursch! Ich war auf der Jagd und hab' Dir einen Braten mitgebracht!

Grethl.

So? Das ist was anders! Jetzt darfst schon herein zu mir, guter Kasperl!

Kasperl.

Aha! jetzt bin ich wieder »Dein guter Kasperl« – weil ich Dir was zum Essen heimbring'!

Jetzt heiß' ich wohl der liebe Mann,
Weil ich Dir bringe einen Hahn,
Den Spieß zum Braten auch dabei,
Der Hahn, der Spieß und ich – sind drei!
Dem hochgeehrten Publikum
Mach ich mit meinem Buckel krumm
Ein allerschönstes Compliment –
Nun ist das schöne Stück zu End!

V.
Kasperl in China.

Kasperl in China.

Kasperl.

's ist eine fatale G'schicht! Jetzt bin ich unter die Chinesen kommen – ich weiß gar nicht wie! Zu Haus hat's mir nimmer g'fallen, seit's überall ein so miserabl's Bier hergeben und die Batzenweckeln so klein sind, und da hat mich der Verdruß so weit gebracht, daß ich mich entschlossen hab', nach Amerika auszuwandern. So bin ich halt eine Zeitlang umeinander gewandert bis ich eine sogenannte Schiffsgelegenheit g'funden hab und da haben's mich in ein leeres Brandweinfaßl hineing'steckt und auf ein Schiff gebracht. Mitten im Meer drin haben's das Faßl und mich in's Wasser g'worfen und an der chinesischen

Grenz bin ich ausg'stiegen, wie's mein Faßl an's Ufer hinausg'spült hat, wo mich gleich die Schlavenhändler aufpackt hab'n und jetzt bin ich schon über zwei Monat Budienter oder Flurirschütz bei einem Mandarin! 'S wär nit übel, aber alleweil Thee und immer nix als Thee, das will mir gar nit g'fall'n und täglich mei'm Herrn den Haarzopf wixen, das ist eine langweilige Beschäftigung für den Hanswurstl, und mit der Sprach komm ich auch nit recht fort! Und der dumme Nam', den mein Herr hat: »Quingquing!« Und mich heißen's »Tschingtsching« – da möcht' Einer ja gleich davonlaufen!

Mandarin (von Innen rufend):

Tschingtsching!

Kasperl.

Aha! da ruft mich schon mein Herr wieder. Quingquing! warten S' e bißl, ich komm gleich. Vermuthlich muß ich wieder ein paar Maaß Thee im Caffeehaus holen!

Mandarin.

Tschingtsching!

Kasperl.

Quingquing Exlenz, was schaffens?

Mandarin.

Tschaopipipipizopfilipomadirling.

Kasperl.

Tscha, tscha, tscha, tscha, ich muß erst den Pomaditigl holen.

Mandarin.

Pipipipitschingtsching!

Kasperl.

Pipipipipi, setz'n Ihnen derweil nieder!

Mandarin (setzt sich und Kasperl nimmt ihn beim Zopf).

Kasperl.

So, Exlenzquingquing, halten S' nur still!

Mandarin.

Wixilipixilitschaotschao! (Kasperl wichst den Zopf.)

Kasperl.

Exlenzquingquing müssen vermuthlich zum Kaiser hinein nach Hof, weil Sie sich so aufputzen?

Mandarin.

Tschatschatscha!

Kasperl.

Soll ich Ihnen vielleicht auch die neuen gelben Pantoffel holen und den himmelblauen Schlafrock mit dem goldenen Stern und Sonn und Mond darauf!

Mandarin.

Tschatschatscha.

Kasperl.

Ja, ja, ja.

Mandarin.

Hongtongmonglongpipi.

Kasperl.

Das versteh' ich nit! Sprechen's deutsch.

Mandarin.

Hongtongmonglongtschingtsching!

Kasperl (gibt ihm eine Ohrfeige).

Hongtongmonglong – wart' e bißl! (Mandarin fällt um.) Auweh! Jetzt hab ich – glaub ich – meinen Herrn todt g'schlag'n! Aber, daß so ein Chines nicht einmal eine einfache germanische Ohrfeig aushalten kann. (Beguckt ihn.) Richtig! der ist mauserltodt! – Was fang ich jetzt an, damit sie mich nit einfangen? – Ich zieh den blauen Schlafrock an und geh zum chinesischen Kaiser hinein, vielleicht erkennt er mich nicht und sieht mich für seinen Minister Quingquing an. Das wär' ein Mordgaudium! (Ab.)

Kaiser von China Schunschi (mit einem großen Parapluie).

Schunschi.

Potz tausend Element! Heut ist's aber warm! Wo ist mein Premierminister Quingquing? Warum bleibt er so lang aus mit seinem Portefeuille der verwickelten Angelegenheiten.

Kämmerling Kakao.

Vermutlich hat er wieder einen Opium-Rausch auszuschlafen, großer Kaiser.

Schunschi.

Hab' ich nicht schon längst das Opiumtrinken verboten? Was soll das gemeine Volk, wenn meine Minister selbst mit dem schlechten Beispiel vorangehen? – Ich werde den Minister der verwickelten Angelegenheiten hängen lassen.

Kakao.

Aber er ist ein trefflicher Geschäftsmann, der sich ganz besonders durch seine Energie auszeichnet!

Schunschi.

Ich liebe zwar Energie an meinen Ministern, weil ich selbst zu sanfter Natur bin, aber potz tausend Element! das Opium hab ich eben deßhalb verboten, weil es alle Energie lähmt! – Ha! da kommt mein Premier!

Kasperl (als Minister im blauen Schlafrock, ein Portefeuille unter dem Arm, unter Verbeugungen).

Ich hab die Ehre einen guten Morgen zu wünschen, großer Kaiser aller chinesischen Völker.

Schunschi.

Warum heut so spät, mein Bester?

Kasperl (spricht affektirt hochdeutsch).

O ja! ich habe mich etwas verspötet, jedoch aber immerhin dennoch gewissermaßen –

Schunschi.

Genug der Entschuldigungen. Für dießmal will ich es passiren lassen. Das nächste Mal werden Sie baumeln.

Kasperl.

Taumeln – ja getaumelt hab ich schon oft!

Schunschi.

Zur Sache! Was haben Sie heute zu referiren?

Kasperl.

Nix hab ich zu despektiren.

Schunschi.

Wie steh'n die verwickelten Angelegenheiten?

Kasperl.

Die verzwickelten Angelegenheiten steh'n halt so und so.

Schunschi.

So?

Kasperl.

So! –

Schunschi.

O!

Kasperl.

O!

Schunschi.

Erläutern Sie mir diesen Gegenstand.

Kasperl.

Den Gegenstand kann ich nicht erweitern, denn er ist schon weit genug.

Schunschi.

Wie so? Ich verstehe Sie nicht ganz.

Kasperl.

Ich auch nicht. Es ist halt so eine Geschicht mit den verzwickelten Angelegenheiten.

Schunschi.

Sie kommen mir heute sehr sonderbar vor; Ihr Vortrag ist so verworren.

Kasperl.

Und Sie kommen mir auch sehr sonderbar vor. Jetzt bin ich schon über e halbe Stund' da und hab noch nix zu trinken kriegt!

Schunschi.

Welche Unverschämtheit! – Ich erwarte, daß Sie nach solch einem Benehmen Ihr Portefeuille niederlegen.

Kasperl.

Ja, das kann ich gleich niederlegen, aber wenn ich's niederglegt hab', möcht ich was z' trinken haben.

Schunschi.

Sie sind von Sinnen! Heda! Kakao!

Kakao.

Was befehlen Euer kaiserl. Majestät?

Schunschi.

Fort mit diesem unverschämten Menschen! In's Gefängniß mit ihm!

Kasperl.

Oho! das ist doch e bißl gar zu arg! Ich beruf' mich auf meine Constitution! Das leid ich nit. (Prügelt den Kakao und wirft ihn hinaus.) So, der ist abgethan. Was schaffen S' jetzt noch?

Schunschi.

Ihr Benehmen setzt mich in das größte Staunen! Wie? Sie wollen noch Minister seyn? Es ist unmöglich. Sie haben sich unmöglich gemacht.

Kasperl.

Möglich oder unmöglich – ich bin halt der Kasperl!

Schunschi (wüthend).

Sie sind ein Narr! (Geht ab.)

Kasperl.
Jetzt bin ich so gescheit wie zuvor; aber so ganz umsonst möcht ich doch nit Minister g'wesen seyn. (Schreit.) Heda! Heda!

Ein Sklave (tritt auf).
Was befehlen Euer Excellenz!

Kasperl.
Elender Gschlav! Augenblicklich begib Dich in die Hofkellerei und bring mir was zu trinken.

Sklave (ab).

Kasperl.
Ministerbesoldung hab' ich keine, also will ich mir die Gagi heraustrinken.

Sklave (kommt mit einem großen Fasse).
Hier bring ich ein ganzes Faß vom Besten!

Kasperl.
Brav gemacht! Trinkt der Mensch gleich aus dem Faß und man braucht nit einzuschenken. Wenn das Faß ausgetrunken, wirst Du Dein Trinkgeld erhalten. Einstweilen entferne Dich, damit ich in meinen Ministerbetrachtungen da nicht gestört bin.

Sklave (ab).

Kasperl (betrachtet das Faß von allen Seiten).
Dieses Faß hat zwar eine brandweinartige Ausdünstung, aber das ist doch chinesisch, daß ich kein Spundloch find und überhaupt nix wo was h'rauslaufen kann! Kehr' ich's um, wie ich's will – ich finde keine beliebige Gelegenheit mir den fraglichen Inhalt zuzueignen. Das Kürzeste ist: ich schlag den Boden ein. (Springt hinauf und schlägt mit dem Fuß drein. Aus dem Fasse schaut der Geist des Tschingtsching heraus.) Oho! – das wär mir eine saubere Geschicht! Ja, was thun denn Sie darin, verstorbene selige Exlenz?

Mandarin
Tschaopipipipi.

Kasperl.

Auweh! geht d e r Discurs wieder an? (Stößt ihn hinein.) Marsch, in das Reich der Unterwelt zurück! Vermessener, Du gehörst nicht mehr diesem Leben an!

Mandarin (erscheint wieder).

Tschaopipipipi.

Kasperl.

Tschaopipipipi! wart das wird gleich anders werden. (Zieht ihn heraus und pufft dessen Kopf auf die Brüstung.) So, jetzt ist's gut. (Wirft ihn wieder in das Faß.) Was hab ich aber jetzt davon? Die Tschingtschingexlenz kann ich doch nit trinken? Es bleibt mir nichts übrig, als daß ich ins Caffehäusl geh, mich unter das dumme chinesische Volk setz' und mir mit einigen Maaß Thee den Durst lösch. Aber nachher mach' ich, daß ich z' Haus komm in mein geliebtes Vaterland; vielleicht kann ich dort ein Ministerium übernehmen, wenn Ein's vakant ist. Aber da beding' ich mir gleich mein richtiges Deputat zum Trinken aus und laß mich nit mit so einem Faßl Tschingtsching abfinden!

(Macht sein Compliment gegen das Publikum.)

VI.
Die Prüfung.
Ein beispielloses Spektakelstück.

———

Die Prüfung.
Ein beispielloses Spektakelstück.

Kasperl.

ein! das muß ich sag'n: meine Grethl ist halt doch das Muster aller Frauenspersonen. Wie die für mich sorgt – das ist kaum mehr zum aushalten! Ich glaub, daß sie mich nächstens aus Lieb frißt; aber mir gibt's nichts zum Essen aus purer Sorgfalt für meine Gesundheit. Möcht' ich Fruhmorgens mein' Caffe, da sagts gleich: Nein, lieber Kasperl, ich geb Dir keinen, Du könntest Dir den Magen verderben. Iß lieber eine Wassersuppen. Da sitz ich denn vor meiner Wassersuppen und sie trinkt meinen Caffe. Mittag's schnappt sie mir die besten Bissen weg aus lauter Angst, daß ich zu viel erwisch' und mir eine Indischestion zuzieh! Und so muß ich denn immer in's Wirthshäusl geh'n, damit ich mich restaurir; denn mein Magen ist oft wirklich wie mein Geldbeutel: alleweil larifari, das heißt: nix drin. Jetzt ist mein Grethl auf'n Markt gangen um einzukaufen, da muß ich mir auch ein G'schäft machen und in mein Bureau geh'n, in den »goldnen Stiefel« – da ist das beste Bier. Ha! da kommt grad auch mein Herzensbrüderl, dessen Bekanntschaft ich erst gestern gemacht hab! Oh, das ist eine treue Seel! Wenn ich ihm's Bier zahl, so geht er mir nimmer von der Seit! Solche Freundschaft lass' ich mir gefall'n. Er sagt, daß er ein vacirender Jäger ist. *Bon jourl, bon jourl*, Freund Thomerl!

Jäger.

Ebenfalls *bon jourl, Monsieur Kasperl*! Wohin denn schon so früh am Tag?

Kasperl.

Ja, wissen Sie, Herr Thomerl – – (für sich), wenn ich ihm sag', daß ich in's Wirthshäusl geh, so muß ich ihm wieder Bier zahlen – (laut) ja, wissens, Herr Thomerl, ich hab halt die Melankolerie zu Haus g'habt, weil meine Grethl ausgegangen ist, da bin ich ein bißl auf d'Straßen herunter und hab den Fliegen abgewehrt, die in mein Haus hineing'wollt haben.

Jäger.

Ei was Fliegen und Mucken! Sie müssen sich aufheitern, Herr Kasperl! Sie sind als zu solid!

Kasperl.

Nun, das ist auch das erste Mal, daß mir Jemand d a s Laster vorwirft! Könnt' aber doch seyn! Wissens, Herr Thomerl, ich kann halt ein für allemal das Gstudieren nit lassen. Da sitz ich Ihnen oft ein' ganzen halben oder einen halben ganzen Tag vor einem Gstudierbuch und bring nix raus und nix in meinen Schedl hinein. Jetzt hab ich zum Beispiel eine Naturg'schicht gelesen und ich weiß doch noch nicht, warum die Menschen die Nasen mitten im G'sicht haben.

Jäger.

Gehn's mir mit den philosophischen Forschungen.

Kasperl.

Richtig! Von den tropfischen Forstungen steht auch was drin in der Naturg'schicht!

Jäger.

Wissen's, Herr Kasperl, wo man studieren muß? – Im Wirthshaus. Da lernt man Menschenkenntnis. Da zeigt sich die wahre Naturg'schicht! Da ist der Mensch im Naturzustand! Da wachen die eigentlichen Lebensgeister auf!

Kasperl.

Schaun's, Herr Thomerl, da hab'n S i e wieder recht! Sie sind ein ganz gescheiter Kerl! Aber heut hab' ich zu dem Menschenstudium kein Geld im Sack! Meine Grethl hat mir keinen Kreuzer g'lassen.

Jäger.

Thut nix, Herr Kasperl! Heut mach' i c h die Honneurs.

Kasperl.

Juhe! Das ist der rechte Professor in der Naturg'schicht, der's Bier und 'n Wein zahlt! Kommen's, geh'n wir nur gleich zum Gstudieren! In den »goldenen Stiefel!«

Beide (singen).

In den goldenen Stiefel!
Gehen wir
Gleich zum Bier,
Du mit mir,
Ich mit Dir –
In den goldnen Stiefel!
Sti, sti, sti, sti, Stiefel!

(Beide ab.)

Grethl (die schon einige Zeit gelauscht hat).

In den goldenen Sti, sti, sti, sti, Stiefel! – Wart, Du Erzlump, Du liederliches Tuch! Schon am frühen Morgen in's Wirthshaus, während ich mich den ganzen Vormittag auf'm Markt herumgeplackt hab' und zur Stärkung im Schnapsladl kaum ein paar Gläsl Magenliqueur trinken hab' können. Wart! komm Du mir heut nach Haus! da kriegst Du Dein Fett, aber nicht in der Supp, sondern auf'n Buckel! Übrigens weil er denn doch nicht zu Haus ist, werd' ich davon profitiren und meine guten Freundinnen auf e Kaffeeparthie einladen und der Herr Fuhrwesenlieutenant Pulvermann darf auch nicht dabei fehlen. Wart nur, Kasperl, was dem Einen recht ist, das ist dem Andern billig. Sitzst Du im Wirthshaus mit Deinen Saufbrüderln, so wird's mir wohl erlaubt seyn, zu Hause eine anständige Kaffeegesellschaft zu haben. Jetzt muß ich nur gleich Alles herrichten; heut werden wir wohl so beiläufig sechs Maaß Kaffee brauchen. (Ab.)

Kasperl. Jäger. (Ersterer etwas benebelt.)

Kasperl.

Juhei!– Das laß ich mir gefall'n! Zuerst Bier, nachher Wein, zum Schluß gebrannten Wein, das heißt: Branntwein! Edler Mensch! (umarmt den Jäger) laß Dich an mein Herz drücken! Edelster aller edelsten Menschen! Ja Du bist würdig, ein Mensch zu seyn! Du Musterbursch aller zweibeinigen mit Vernunft begabten Wesen der Schöpfung! Edles geschöpftes Geschöpf!

Jäger.

Schon gut, schon gut, Freund Kasperl! mich freut's, wenn's Dir geschmeckt hat! Ich hab Dir nur einen kleinen Beweis geben wollen von meiner Anhänglichkeit!

Kasperl.

Oh, diese Anhänglichkeit! Lassen wir sie niemals hängen! Laß uns auf ewig Freunde bleiben! (für sich) so lang er mir Bier und Wein zahlt!

Jäger.

Allerdings ist es um Anhänglichkeit und Liebe so eine eigene Sache. Man darf nicht immer darauf bauen!

Kasperl.

Das versteh' ich nit recht. Gewöhnlich baut man ja die Häuser auf'n Erdboden.

Jäger.

Ich meine dieß allegorisch.

Kasperl.

Obligatorisch also? – Ja was die Liebe betrifft, so bin ich ein glücklicher Mensch; denn wer ein Weib hat, wie ich, der ist versorgt, wie die Engel im Himmel!

Jäger.

Nu, nu, nu! Hast Du Deine Grethl schon einmal auf die Probe gestellt mit ihrer Liebe?

Kasperl.

Das braucht's gar nit.

Jäger.

Bist Du so fest überzeugt!

Kasperl.

Überzogen oder nicht überzogen, ich glaub's einmal.

Jäger.

Wie wär's, wenn Du es doch einmal auf eine Probe ankommen ließest?

Kasperl.

Das Bier probirt man; den Wein probirt man – der Gedanken war auch nicht übel, daß ich einmal mein Grethel probir – ob sie Stich halt'.

Jäger.

Gut, mein Freund; die Prüfung wird euere gegenseitige Liebe nur noch mehr befestigen und stärken.

Kasperl.

Und wenn's aber die Prüfung nit aushalt, dann wird sie meine Faust befestigen und stärken; denn nachher setzt's Prügel ab.

Jäger.

Ich werde als treuer Freund Dir stets zur Seite steh'n.

Kasperl.

Aber, Freund! Jetzt sag mir einmal: Wie fangen wir's mit der Prüfung an?

Jäger.

Das einfachste ist – Du stirbst – –

Kasperl.

Wär nit übel? Ich soll sterb'n?

Jäger.

Versteh mich recht! Du sollst zuerst eine Krankheit fingiren.

Kasperl.

Eine Krankheit stringiren –

Jäger.

Dann wirst Du scheinbar immer schlechter und schlechter und stellst Dich endlich, als ob Du g'storben wärst.

Kasperl.

Und nachher? – dank recht schön, da krieg ich nix z' essen und zu trinken, und vielleicht kommt gar der Todtengraber und grabt mich ein. Das ist ja gar keine Prüfung für meine Frau. Schlagen wir d i e zuerst todt und schau'n wir nachher was sie sagt?

Jäger.

Dein Scheintod wird Dir ihre wahren Gesinnungen offenbaren; glaub mir, und was das Übrige anbelangt, laß mich sorgen. Ich laß Dich nicht verhungern, nicht verdursten und nicht lebendig eingraben; denn ich werde mich als Doktor verkleiden, um diese ganze Intrigue zu dirigiren.

Kasperl.

Nun, so will ich mir's gefall'n lassen, wenn Du mir hilfst. Ich werde mit der feinen Intrigue eines Rausches beginnen, nachher kommt die Ohnmacht von selbst dazu. Drum geh'n wir nur gleich wieder in's Wirthshaus!

Jäger.

Nein Freund! bei dieser Operation mußt Du den Kopf beisammen haben und nüchtern seyn, sonst könntest Du Dich ja verrathen.

Kasperl.

Das ist auch wieder wahr!

Jäger.

Geh' jetzt nach Haus, sage, Du seyst unwohl, leg Dich ins Bett, laß den Doktor holen – der bin ich – das Weitere wird sich schon geben.

Kasperl.

Der bin ich, das Weitere wird sich schon geben. Also wollen wir's probiren. Jetzt thu ich gleich, als ob ich recht Bauchweh hätt' – das Weitere wird sich schon geben! (Beide ab.)

(In Kasperls Wohnung.)

Grethl.

Das war einmal eine lustige Kaffeeparthie. Jetzt hab ich auch Alles so hübsch wieder zusammengeräumt, daß der Kasperl gar nichts davon merkt, wenn er nach Haus kommt. Nun, der wird s o wieder seinen Rausch mitbringen wie gewöhnlich. Ich bin nur froh, daß er heut gar so lang ausbleibt, er hätt' mir mitten in die Gesellschaft hineinfallen können und das wär ein Spektakel geworden! Da hätt's wieder Prügel gegeben!

Kasperl (von Außen).

Grethl, Grethl! mach auf! Ich hab meinen Hausschlüssel vergessen!

Grethl.

Ja richtig! Du wirst wohl's Schlüsselloch nit finden!

Kasperl.

Mach auf, mach auf! Mir ist nit wohl!

Grethl.

Aha? hast schon wieder Einen bei Dir, der Dir Kopfweh macht. (Öffnet die Thüre.)

Kasperl (eintretend).

Ach, mein liebe Grethl! mir ist todtenübel!

Grethl.

Glaub's gern, wenn man immer zu viel trinkt!

Kasperl.

Ach, meine liebe Grethl! Ich hab heut gar nix trinken können und bin nur meinem Kameraden zu lieb sitzen geblieben im Wirthshaus! Ich bitt Dich, mach mir nur gleich einen Thee!

Grethl.

Du willst einen Thee? Nu, da mußt' wirklich krank seyn. Willst ein' Kamomillenthee?

Kasperl.

Ein' Kamorillenthee?

Grethl.

Oder einen Hollunder? einen Münzenthee?

Kasperl.

Was für Münzen nimmst denn dazu? Pfenning oder Kreuzer, die kann ich besser schlucken.

Grethl.

Was nit gar, Kronenthaler?!

Kasperl.

Auweh, auweh, mich zwickts! Au, au – au!

Grethl.

Du wirst Dich halt verkältet hab'n; oder hast wieder z' viel durcheinander gegessen?

Kasperl.

Schau Grethl, was hab ich heut gessen? Zuerst eine Schoklatsuppen mit Weinbierl und Bratwürsteln drin; nachher eine Portion Schweinefleisch mit Sauerkraut und gelbe Rüben; nachher e bißl einen Kaffee; nachher ein halbes Gansl mit Kartoffelsalat und zum Schluß ein paar Salvenati!

Grethl.

So, und da soll Dir der Bauch nit weh thun? Das ist ja ein Durcheinander, der ein Pferd umbringt!

Kasperl.

Aber ich bin ja kein Pferd. Das Bauchweh muß einen andern Grund haben. Ich hab glaub ich zu wenig getrunken.

Grethl.

Ei was! Du führst eine unordentliche Lebensweise, da kann der Mensch nicht g'sund bleiben.

Kasperl.

Auweh, auweh! mich zwickt's als ob ich glühende Beißzangen verschluckt hätt', au, au, au! Mach mir mein Bett und hol mir den Doktor! Auweh, auweh – ich muß sterben. (Weint.)

Grethl.
Lieber Kasperl, thu mir das nit an! ich müßt gleich mit Dir sterben!
Kasperl.
Au, au, au, auweh! zu Hülf! es zerreißt mich!
Grethl
Leg Dich nur gleich ins Bett und nimm ein warmes Hafendeckerl. Ich hol g'schwind den Doktor! (Ab.)
Kasperl (gerührt).
Und die Frau soll mich nit lieb hab'n! – Nein, Thomerl, Du thust ihr Unrecht. Aber die Prob muß ausghalten werden! Schad't ihr nichts! So, jetzt will ich mich geduldig in's Bett legen und schlafen, bis die Grethl den Doktor bringt. (Legt sich in's Bett und fangt gleich zu schnarchen an.)

(Träumend.)

So, so – das ist aber ein Durst – – ich – halts nit aus – Kellnerin, eing'schenkt – mein Krug ist leer – le – le – le – leer. (Musik.)

Grethl mit dem **Jäger** (welcher als Doktor verkleidet ist, und eine große Klystirspritze unter dem Arm hat).

Grethl.
So, lieber Kasperl, da ist der Herr Doktor. Ich hab gleich den ersten besten mitgenommen, dem ich auf der Straße begegnet bin.
Jäger.
Herr Kasperl! Nun wo fehlt's Ihnen denn? – –
Herr Kasperl! Schlafen Sie denn? Hören Sie mich nicht? Ich bin der Doktor.
(Kasperl thut immer dergleichen, als ob er nicht hörte.)
Herr Kasperl! Wachen S' auf, daß ich Ihnen den Puls fühlen kann.
(Kasperl streckt den Fuß aus der Decke heraus.)
Den kann ich nit brauchen.
(Kasperl streckt das andere Bein heraus.)
Die Hand müssen Sie mir herausstrecken!
(Kasperl reckt den Arm heraus und seufzt.)
So, jetzt wollen wir sehen, ob Fieber da ist. (Greift den Puls.)

Kasperl.

Au, au, auweh! mir zerspringt der Bauch!

Jäger.

Geduld, Geduld! (Greift unter die Decke.) Ihr Unterleib ist sehr gespannt und aufgebläht. Wir werden ein *Clisterium Scheidwasserianum* appliciren.

Kasperl (schreit).

Nein, nein! Da dank ich! Das hab'n wir nit miteinander ausg'macht! Mir fehlt nix!

Jäger.

Ruhig, Ruhig! Herr Kasperl! (Ihm ins Ohr.) Verrathe Dich nit, sonst merkt's Deine Frau. (Laut.) *Clisterium* und dann ein *Purgatorium Wienertranklianum*! (Bei Seite zu Grethl.) Madame Kasperl, der Fall ist sehr bedenklich. Es ist eine gefährliche *Inflammatio trommularia ventriculosa* – nämlich eine Bauchtrommelfellentzündung!

Grethl.

Nein, das ist ein Unglück! Ach, retten Sie mir meinen Kasperl, Herr Doktor!

Kasperl.

Ich hab' ja keine Trommel verschluckt! Das ist nit möglich!

Jäger (pulsgreifend).

Das Fieber wird immer heftiger! Ich muß gleich etwas Medizin einschütten, die ich draußen stehen habe. Madame Kasperl, holen Sie's gefälligst herein.

Grethl.

Gleich, gleich! (Geht hinaus, Kasperl springt aus dem Bett.)

Kasperl.

Nein, Kamerad, das leid ich nit. Ich laß mir keine Medizin einschütten. S'is nix mit der Prob.

Jäger.

Nur still – ich schütt Dir ja nur Bier ein!

Kasperl (springt wieder ins Bett).

Das laß ich mir gefallen! Aber nachher werd' ich mich todt stellen.

Jäger.

Ich sag Dir schon, wenn's Zeit ist.

Grethl (bringt eine große Flasche und einen Trichter herein).

So, da ist die Medizin!

Jäger.

So, so! Wir wollen jetzt gleich zum Werk schreiten. Stecken Sie den Trichter dem Herrn Kasperl in's Maul.

(Grethl hält den Trichter, der Jäger schüttet ein.)

Kasperl.

Ah – das war gut! wenigstens zwei Maaß! Herr Doktor, noch so eine Portion! – Au weh! zwick! Au weh! Mir verbrennt der Magen! Ich stirb!

Jäger.

Delirium tremens! Frau Kasperl! Da kann die Kunst nicht mehr helfen.

(Kasperl hüpft einigemale vom Bett in die Höhe.)

Grethl (jammernd).

Auweh! auweh! – Kasperl, Kasperl, lieber Kasperl!

Jäger.

Der Puls stockt! – es ist aus mit ihm!

(Grethl fällt in Ohnmacht, während Kasperl den Kopf aus dem Bett streckt und sie betrachtet.)

Jäger.

Mach keine Dummheiten, Kasperl. Jetzt gilt's.

Grethl (erwachend).

Wo bin ich?

Jäger.

Sie sind nun eine Wittwe, Madame Kasperl!

Grethl.

Gott tröst' ihn! er war ein guter Kerl, aber ein Lump!

(Kasperl fährt aus dem Bett.)

Jäger.

Ha! das sind die Nachzuckungen, welche wir bei Gestorbenen häufig beobachten. (Zu Kasperl:) Sey doch kein Narr! – Jetzt geh ich fort, Madame, und schick Ihnen den Sarg und die Träger. Empfangen Sie meine aufrichtige Beileidsbezeugung! Ich habe als Arzt Alles angewendet zur Rettung Ihres Mannes; aber es gibt Fälle, wo die Natur ihren Tribut fordert, und alle Kunst scheitert. (Geht ab.)

Grethl.

O mein Kasperl! Jetzt liegst halt da! Es thut mir wirklich herzlich leid, daß ich Dich nimmer hab! Aber was bleibt mir übrig, als daß ich mich bald um einen ander'n Lebenströster umschau! Wittwe kann ich nicht bleiben! – Wenn nur der Bursch nit Alles verthan hätt'; mit der Erbschaft wird's schlecht ausseh'n und der Lieutenant Pulvermann, der ein Aug auf mich hat, wird auch kein Vermögen haben! – Wenn jetzt nur mein Mann bald aus'm Haus wär! Es ist einmal vorbei! Da kann man nichts thun als sich trösten.

(Während des Monologs muß – unbemerkt von Grethl – Kasperl im Bett durch Mimik seine Entrüstung ausdrücken.)
(Es klopft an der Thüre.)

Grethl.

Wer wird das seyn? – Herein!

Lieutenant Pulvermann.

Mit Bedauern habe ich soeben das schreckliche Unglück vernommen, das Sie betroffen hat, verehrte Madame Kasperl! Ihr edler Gatte – –

Grethl (stellt sich sehr traurig und weint).

Er ist nicht mehr!

Lieutenant.

Oh! Oh! Oh! –

Grethl.

Der gute Mann!

Lieutenant.

Ja! der edle, allgemeingeschätzte Mann! aber gewiß war sein Tod die Folge seiner leichtsinnigen, sozusagen liederlichen Lebensweise!

(Kasperl droht mit der Faust.)

Grethl.
Allerdings! Er ist ein Opfer der Trunksucht, wie mir der Doktor gesagt hat; denn er ist am *Laxirium clemens* gestorben!

Lieutenant.
Am *Laxirium clemens*! – Wieder eine neuerfundene Krankheit!

Grethl.
Aber ich bin und bleibe eine verlassene Wittwe!

Lieutenant.
Wenn Sie einer Stütze bedürfen, wenn i c h würdig wäre, Ihnen diese Stütze zu seyn – wie glücklich würde ich mich schätzen!

Grethl.
Oh, ich bitte, Herr Lieutenant!

Lieutenant.
Ja! ich beschwöre es bei dieser edlen Leiche, die hier vor uns liegt – Madame, Ihr Besitz würde mich zum Seligsten auf Erden machen!

Grethl.
Wenn ich bedenke, daß eine Wittwe so allein da steht in der Welt, wenn ich bedenk – –

Lieutenant.
O, bedenken Sie nichts, Madame Kasperl! Verfügen Sie über mein Leben! Es gehört I h n e n ganz und gar!

Grethl.
Edler Pulvermann!

Lieutenant.
Nicht P u l v e r m a n n! Nein! bald D e i n M a n n!

Grethl.
Kühner Freund eines schwergedrückten Herzens? Was soll ich sagen?

Lieutenant.
An mein Herz! (Umarmung.)

(Kasperl wirft ihm Decke und Kissen an den Kopf und springt aus dem Bett.)

Kasperl.

Ah! das ist aber gar z' arg! Du abscheuliche, heuchlerische Grethl!

Grethl.

Herr Jemine! Was ist das?

Kasperl.

Ja! »Was ist das« hab ich zu fragen, Crocodill von einem Weibsbild! Und der saubere Herr Pulverstoffl da hilft auch dazu! (Schlägt um sich.) Ich bin nicht gestorben, nein ich bin so gesund, daß ich schon wieder den größten Appetit hab und Euch alle zwei aus Rache verschlingen könnt, wenn ihr nit so miserable Bissen wär't.

Lieutenant.

Herr Kasperl! vergessen Sie sich nicht gegen mich, ich bin Offizier!

Kasperl.

Was Offizier! (Nimmt den Nachttopf und zerschlägt ihn an seinem Kopf.) Da haben Sie Ihren Theil, miserabler Kerl! Kaum hat der Mann die Aug'n zug'macht, so woll'ns gleich die Wittib heurath'n!

Lieutenant.

Ha! ich bin verwundet! Rache, Rache!

Kasperl.

Und Du auch, wart ich komm Dir! Jetzt leb ich Dir zum Trotz extra noch recht lang. (Prügelt sie.)

Lieutenant.

Ich bin der Beschützer dieses edlen Weibes!

(Allgemeine Prügelei, in welcher der Lieutenant von Kasperl todtgeschlagen wird.)
(Kasperl wirft ihn in die Kulissen.)

Ein Polizeidiener (tritt ein).

Was ist da für ein Spektakel? Die ganze Straße ist voll Leute. Was hat's gegeben?

Kasperl.

Schläg hat's gegeben, Herr Polizarius, und Sie können auch welche kriegen, wenn S' nit bald weiterspazieren.

Polizeidiener.

Es ist die Pflicht der hohen Polizei, sich überall in's Mittel zu legen und möglichst alle Differenzen auszugleichen.

Kasperl.

Legen Sie sich hinein wo Sie wollen, in die Mitten oder auf die Seiten und weichen Sie allen Konferenzen aus, aber mich und meine Frau lassen S' in Ruh!

Grethl.

Ja, Herr Polizeisoldat, stören Sie nicht das häusliche Glück einer stillen Familie.

Polizeidiener.

Die Familie muß nicht sehr still gewesen seyn, da sie einen solchen Straßenauflauf veranlaßt hat.

Kasperl.

Was geht mich der Chocoladauflauf an? Ich bitt mir's aus, sonst gebrauch ich mein Hausrecht. (Gibt dem Polizeidiener ein paar Ohrfeigen.)

Polizeidiener.

Unverschämter Flegel, das sollst Du büßen. (Schlägt den Kasperl.)

Grethl.

Was, Sie – meinen Mann schlagen? (Zaust ihn.)

Kasperl.

Brav, Grethl! helfen wir zusammen!

Allgemeine Prügelei.

Polizeidiener.

Halt! halt! Unter diesen Umständen werde ich mich entfernen, aber ich weiche nur der Gewalt!

Kasperl.

Weichen Sie wem Sie wollen!

Polizeidiener.

Leben Sie wohl, Herr und Madame Kasperl!

Kasperl.

Leben Sie wohl und kommen Sie nie wieder, wenn S' nit den Buckel voll Schläg wollen!

(Polizeidiener geht ab.)

Kasperl.

Grethl! ich verzeih Dir Alles; Du hast Dich jetzt brav g'halten!

Grethl.

O mein Kasperl, ich war ja immer Dein gutes Weiberl! Und wegen dem Pulvermann – schau –

Kasperl.

Geh, geh – sey nur still! Über diesen Punkt woll'n wir den Schleier der Vergessenheit fallen lassen.

Grethl.

Wir wollen unsere Schwächen gegenseitig ertragen.

Kasperl (mit erhabenem Tone).

Mir ist's recht! Aber bleiben wir dabei, wenn ich manigmal etwas schwach aus'm Wirthshäusl heim komm, so ertrage auch diese Schwachmatigkeit und dulde als ein standhaftes Weib!

Grethl.

Ich versprech Dir's! – Weißt was? Zu unserer Versöhnungsfeier geh'n wir gleich zusammen in's Wirthshaus.

Kasperl.

Großartiger Gedanke, dem Gehirne eines schwachen Weibes entsprungen! Weib, ich folge Dir, und ging es durch die Hölle!

Grethl.

Geh, sey nit gar so hochdeutsch!

Kasperl.

Ha! dieser ergreifende Monument hat mich auf das Tiefste erschüttert. (Umarmt Grethl.) Laß mich an Deinem liebenden Busen die Thränen der wiedererwachten Menschheit aushauchen! – (In seinem gewöhnlichen Tone.) Aber gelt, zur Versöhnungsfestivität werden z'erst einige Backhendln gegessen; nachher schmeckt's Bier besser, und zum Schluß lassen wir eine Poli Punsch auftragen, welche mein Freund Thomerl zahlen muß; denn er hat den ganzen Dechtmechtl erfunden.

Grethl.

Wie, der abscheuliche Mensch?

Kasperl.

Er ist weder abscheulich noch Mensch, sondern vacirender Chasseur und mein Freund! also keine Einred. Jetzt komm; Du kannst auch ein paar Frau Basen mitnehmen.

Grethl.

Dann laß ich mir auch den Thomerl gefallen.

Kasperl.

Arm in Arm, Hand in Hand wandeln wir jetzt in den »goldnen Stiefel!« Juheisaschnuderibix! Heut setzt's einen priviligirten Rausch ab; auf meine schwere Krankheit brauch ich eine gewaltige Stärkung! (Tanzt mit Grethl hinaus.)

Anhang

MANFRED NÖBEL
Ein Klassiker und sein Theater

Pocci war einer der bemerkenswertesten Allroundkünstler des 19. Jahrhunderts: Komponist, Lyriker, Dramatiker, Zeichner und Kinderfreund. Den Komponisten und Lyriker hat die Zeit vergessen. Den Dramatiker registriert die Literaturgeschichte kaum noch als marginale Erscheinung. In der Kunstgeschichte dagegen werden seine Leistungen als Zeichner und Illustrator viel höher bewertet. Die Kinderbuch-Historiker rühmen ihn als einen wichtigen Pionier des Kinderbuchs. Und in der Theatergeschichte gilt Franz Pocci als *der* Klassiker des deutschen Puppentheaters. Zu diesem Ehrenplatz haben ihm über 40 Spielvorlagen verholfen, die er gelegentlich für eine kleine Marionettenbühne seiner Heimatstadt München schrieb. Über die lokale Bedeutung hinaus erlangten Stücke und Theater bald nationale Repräsentanz und internationale Ausstrahlung. – Grund genug, deren Klassizität zu überprüfen und für heute Möglichkeiten einer Annäherung oder Entfernung aufzuspüren.

I.

Als vor reichlich 150 Jahren, am 10. September 1858, der Kanzleiangestellte Joseph Leonhard Schmid der hohen Schulkommission von München die »Gehorsamste Bitte um die gnädigste Begutachtung zur Errichtung eines ständigen Marionettentheaters für Kinder«[1] einreichte, überblickte er weder die Tragweite seines Vorhabens, noch ahnte er, dass er damit an einem Kristallisationspunkt der Theatergeschichte angelangt war. Puppenspiel für Kinder zu einer *öffentlichen* Angelegenheit zu machen, galt damals als ein ungewöhnliches Unternehmen; es rief sofort das Misstrauen der Behörden hervor, und Schmids Kinder-Projekt wurde erst einmal für »nicht spruchreif«[2] erklärt.
Und dabei blieb es, obwohl der Bittsteller in weiteren Eingaben den hohen

---

[1] Eingabe Joseph Leonhard Schmids vom 10. September 1858 »An die hohe Schulkommission der Stadt München«, zit. nach Anton Riedelsheimer, Die Geschichte des J. Schmid'schen Marionetten-Theaters in München von der Gründung 1858 bis zum heutigen Tage, München 1906, S. 21.
[2] Schmid in: Riedelsheimer, ebd.

Rat, das Polizeipräsidium und das Innenministerium an der Ehre kitzelte, dass die königliche Residenzstadt München zwar dem Erwachsenen »eine reiche Auswahl von Sehenswürdigkeiten, Kunstanstalten, Unterhaltungen« biete, »nur für die Kinderwelt, d. h. für eine geistige Erholung derselben findet sich hier keine Anstalt«. Nutzlos blieb auch der Verweis auf andere Städte, wo bereits mit Puppen für Kinder gespielt werde; auch der ideologische Hinweis reichte nicht aus, »die Kinderwelt nicht bloß zu unterhalten, sondern auch Sittlichkeit und Religiosität mehr und mehr in den Kinderherzen erstarken zu machen«.[3]

Als Aktuarius eines Vereins für Amts- und Kanzleipersonal wusste Schmid nur zu genau, dass auf dem Weg durch die Instanzen Beharrlichkeit die größte Tugend ist. Außerdem ebneten ihm einflussreiche Gönner des Puppenspiels den Weg zu Franz Pocci. Dieser war nicht nur Beamter, sondern auch Künstler. Am 13. September wandte sich der Hilfebedürftige auf Anraten seines Chefs Dr. Hirneis an »Seine Excellenz« und konnte, wie er berichtete, »einige Tage darauf« seine »Angelegenheit dem Herrn Grafen persönlich vortragen«.[4] Dieser aber steckte als Intendant bis zum Halse im Ärger mit dem Hoftheater. Vielleicht wurde er gerade deshalb vom Kasperl Larifari gepackt. Und er antwortete:

Ammerland am Starn[berger] See
17. Sept. 1858

Ew. Wohlgeboren,

haben mich durch die freundliche Mittheilung vom 13. d.M. sehr erfreut. Allerdings fehlt in München so etwas für die Kinderwelt. Meine geringen Kräfte stehen zu Ihren Diensten, insoferne Sie dieselben gebrauchen wollen. Jedenfalls dürfte es zunächst darauf ankommen, der Jugend nur Gesundes und Frisches zu bieten, da eine etwas superfeine Sentimentalität ebenso schädlich auf die Gemüther wirkt als die Roheit des Dultkasperl, dem ich aber stets selbst als der aufmerksamste u. theilnehmendste Zuschauer angehöre. – In einigen Tagen werde ich in München wieder eintreffen u. so frei sein, Dieselben von meiner Anwesenheit in Kenntnis zu setzen, damit ein mündlicher Austausch ermöglicht sei.

In vollkommenster Hochachtung
Pocci

Die Gründe, weshalb Pocci einem Unbekannten vertraute, der als Puppenspieler bisher nur nebenbei »mit Aufstellen von Krippen, hl. Grab« hervorgetreten und dessen Puppen-Kenntnisse aus seiner Amberger Zeit

---

[3] Ebd.
[4] Ebd. S. 20

bescheiden waren, wissen wir nicht. Pocci jedenfalls unterstützte den Mann aus dem Volke sofort und in jeder Hinsicht. Er vermittelte ihm eine leistungsfähige Bühne, half beim Anfertigen des Vorhangs und der Dekorationen, schrieb das Eröffnungsstück, gab Ratschläge zur Regie und machte Reklame für Münchens »fünfte Schauspielbühne«.

Eigentlich hatte sich der Theatergründer sein Unternehmen weniger aufwändig vorgestellt. Es wird wohl ewig ein Geheimnis zwischen Pocci und Schmid bleiben, woher der mittellose Kanzlist, der um 40 Kreuzer Taglohn arbeitete und sechs Kinder hatte, das Geld hernahm und den Mut aufbrachte, einem Generalleutnant Karl von Heideck für 300 Taler sein reich ausgestattetes Marionettentheater abzukaufen, einen Saal zu mieten, überhaupt alle Startvorbereitungen zu treffen, obwohl er (trotz Pocci) über das wichtigste noch nicht verfügte, über die polizeiliche Spielerlaubnis.

Wie es schließlich dazu kam, war schon recht zeitgemäß. Zwar hatte Pocci, damals Hofmusikintendant, sofort beim Kultusministerium interveniert, erfuhr aber, »daß ein eigentliches *Kinder-Marionettentheater* nicht gestattet werden dürfe, wohl aber ein *Marionettentheater überhaupt*«.[5] Erst als Schmid sein ursprüngliches Vorhaben aufgab, *nur* für Kinder zu spielen, erst als er am 11. November dem bayerischen Innenministerium untertänigst mitteilte, dass es wohl eine »irrige Auffassung« sei, ein »Marionetten-Theater für die Jugend« gründen zu wollen,[6] bekam er die Lizenz. Poccis Kommentar: »So ist es ja eigentlich mehr und besser, wie Sie es gewollt haben.«[7]

Nur ein paar Wochen später, am 5. Dezember 1858, hob sich in München zum ersten Male der Vorhang – auch für Kinder. Und von echt Poccischem Witz war es schon, dem Münchner Kindl einen Prolog in den Mund zu legen, der mit den Worten schloss:

> Wie's kommt, so nehmt's; doch eines stets bedenkt,
> Daß, was geschieht, von oben wird gelenkt![8]

II.

Dass Schmid den Behörden gegenüber stets von der »Kinderwelt« sprach, also von etwas neben der »eigentlichen« Welt Bestehendem, ist Ausdruck der Unsicherheit, aber auch Geringschätzung, die man nach den Erschüt-

---

[5] Emil Vierlinger, München – Stadt der Puppenspiele, München 1943, S. 82.
[6] Schreiben J. L. Schmids vom 11. November 1858 an das Kgl. Staatsministerium des Innern, zit. nach Riedelsheimer S. 23.
[7] Vgl. Brief Poccis an Schmid, in: Lustiges Komödienbüchlein von Franz Pocci. Hg. Franz Pocci (Enkel), München 1921, S. 21.
[8] Pocci: Prolog (zur Eröffnung des Marionetten-Theaters), zit. nach: Lustiges Komödienbüchlein, 6. Bändchen, München 1877, S. XI; in: Werkausgabe I, Band 7.

terungen von 1848/49 den heranwachsenden Untertanen entgegenbrachte. Und sie ist Ausdruck dafür, dass mit der Unterordnung des Bürgertums unter Thron und Altar auch alle fortschrittlichen Erziehungsprinzipien aufgegeben waren, die es in der Aufklärung entwickelt hatte; vor allem den sozialen Gleichheitsanspruch des Kindes. Pocci jedenfalls hatte noch 1857 in der Einleitung zu seinem »Büchlein A bis Z« allen Grund, darauf hinzuweisen, dass er zum Volk »auch die ›Kleinen‹ zähle«.[9] Damit erhob er zugleich die Forderung, dass Kinderliteratur auch ein Bestandteil nationaler Literatur – genauer: der Volksliteratur – sein müsse, eine Forderung, die damals durchaus nicht selbstverständlich war.

So, wie der Stückeschreiber Pocci in der Gestaltung seiner lustigen Figur auf Bühnentraditionen zurückgriff, die im 18. Jahrhundert ein neues, theatralisches Profil erhalten hatten, so übernahm der Erzieher Pocci viel von den progressiven pädagogischen Traditionen der Aufklärung und des Rationalismus. Er verarbeitete sie, um sie schließlich zu überwinden. In einer umfangreichen Publizistik für Kinder, in seinen Märchen, Kindergeschichten, illustrierten Versen und Hausbüchern vermochte er sich als Erster sowohl von einer phantasiearmen Aufklärungsdidaktik als auch von der Gefühlsromantik zu befreien.

Bevor jedoch Pocci die lustige Figur für Kinder entdeckte und durch sie zum Puppentheater fand, unternahm er wiederholt Versuche, das Muster der Stücke *für* die Kleinen und *von* Kleinen gespielt vom verdorrten Ast der Aufklärung abzuschneiden. Seine »Dramatischen Spiele für Kinder« (1850) blieben freilich noch zu sehr dem Althergebrachten verhaftet. Und ehe der Dichter seine Zusammenarbeit mit Schmid gefestigt hatte, schrieb er weitere Kinder-Schauspiele, von denen dieser einige »quasi« zweckentfremdet mit Puppen aufführte. Das erste, »Das arme Kind« (Ein Weihnachtsspiel), kam bereits am zweiten Weihnachtsfeiertag 1858, drei Wochen nach der Eröffnung mit »Prinz Rosenrot« heraus. Dass dies kein Zufall war, deutet darauf hin, dass sich Pocci als spiritus rector des Schmidschen Unternehmens des eben erst eroberten Genres eines literarischen Puppenstücks für Kinder durchaus noch nicht völlig sicher war.

III.

Die Eröffnung von Schmids Marionettentheater und seinem diskreten Spiel für Kinder ging zeitlich synchron mit den Versuchen anderer Schauspielertheater, die Erwachsenen-Bühnen auch den Stücken für Kinder zu öffnen. Den

---

[9] Pocci: Dieß ist das Büchlein A bis Z, München 1857, S. III. Die Stelle lautet insgesamt: »Übrigens ist das sogenannte ›Volk‹, zu welchem ich auch die ›Kleinen‹ zähle, nicht so schwer begriffig, wie man meinen möchte.«

folgenreichen Durchbruch erzielte bereits vier Jahre vor Schmids Münchner Theatergründung das Friedrich-Wilhelmstädtische Theater in Berlin. Am 12. Dezember 1854 kam dort die Kinderkomödie »Die drei Haulermännerchen oder Das gute Liesel und 's böse Gretel« von Carl August Görner (1806 bis 1884) heraus. Der Leiter dieser 1848 gegründeten Bühne, Friedrich Wilhelm Deichmann, hatte sie mit den Kindern seiner Schauspieler einstudiert. (Das Spielen *für* Kinder und *von* Kindern war damals noch nicht getrennt.) Das ehemals fortschrittliche Possen- und Volkstheater versuchte damit seinen Besucherschwund zu kompensieren, dem es sich nach dem Scheitern der März-Revolution als Privatbühne ausgesetzt sah.[10]

Görner war ein vielseitiger und routinierter Theatermann, der als Stückeschreiber freilich nicht das Format Franz Poccis besaß. Ihre Gemeinsamkeit bestand in einer überaus reichen und vielseitigen Produktivität. Bereits 1856 erschienen von Görner die ersten sechs Bände mit »Kinderkomödien«. Sie trugen zeittypische Titel wie »Die Prinzessin Marzipan und der Schweinehirt oder Hochmut kommt zu Fall« (für dieses Stück hatte Pocci sogar zwei Kasperl-Lieder als Einlagen geschrieben), oder sie hießen »Sneewittchen und die Zwerge« oder »Apfelbaum, Erdmännchen und Flöte«. Als der Verfasser dann die eigentliche und bis heute kaum veränderte Form für das Weihnachtsmärchen gefunden hatte, hießen sie »Dornröschen« (1864), »Kleindäumling, Rapunzel und Riquet« (1874) oder »Aschenbrödel« (1878).

Auch Görner griff gelegentlich auf Positionen der Frühaufklärung zurück, stülpte jedoch deren christliche Moralpädagogik zugunsten eines regierungstreuen Kleinbürgertums mit vorzeigbarer »christlicher Gesinnung« einfach um. Gellerts »Zufriedenheit mit seinem Stande«, 1757 in den »Geistlichen Oden und Liedern« formuliert, klingt 100 Jahre später bei Görner am Schluss seiner »Rosen-Julerl« so:

> Genieße, was dir Gott beschieden,
> Entbehre gern, was du nicht hast,
> Ein jeder Stand hat seinen Frieden,
> Ein jeder Stand hat seine Last.[11]

Dennoch – Görner war ein Mann, der als Regisseur und Autor für Kinder viel in Bewegung gebracht und bis zur Etablierung von Kindervorstellungen auf deutschen Bühnen viel in Bewegung gehalten hat. In seinen Kinderstücken – die neben einer Vielzahl bürgerlicher Lustspiele, Schwänke und Lo-

---

[10] Der Versuch des 1862 in Berlin eröffneten Victoria-Theaters, mit Görners Erfolgsstücken das ganze Jahr über auch für Kinder zu spielen, musste bald wiederaufgegeben werden.

[11] Carl August Görner, Die Geschichte vom Rosen-Julerl, die gern Königin sein wollte. Eine Komödie für Kinder in 3 Bildern. – Zit. in Melchior Schedler, Kindertheater. Geschichte, Modelle, Projekte, Frankfurt/M. 1972, S. 49.

kalpossen meist »nebenbei« entstanden – ist die Entwicklung der »Komödie für Kinder« über die »Weihnachts-Komödie« (seit Mitte der 1860er-Jahre) zum »Weihnachtsmärchen« exemplarisch ablesbar.[12]

Was Görner damals nicht erreichte und ganz sicher auch nicht beabsichtigte, war, für seine Stücke eine spezielle Bühne und ein ganz bestimmtes Publikum zu finden. Er suchte möglichst viele Bühnen zu erreichen, leistete also mit »allgemeinen« Stücken in »allgemeinen«, jedoch bis ins szenische Detail festgelegten Aufführungen der Vermassung der Kunst Vorschub.

Aber gerade darin bestand das Besondere der Leistung J. L. Schmids: dass er erstmals einem Dichter, einem Kinderautor, eine feste Heimstatt bot. Dessen Stücke und Figuren waren auf ein genau definiertes Publikum eines fest umrissenen Sprachkreises ausgerichtet und erzielten somit Aufführungen, wie sie nur an einem bestimmten Ort über die Bühne gehen konnten. Hier fanden durch das Medium Puppe künstlerische Leistungen als bewusste, Öffentlichkeit organisierende Prozesse statt, in die – und das ist eine weitere Besonderheit – zum ersten Male auch Kinder und Jugend der Stadt einbezogen waren. Der »Kasperl-Graf« und Schmid, der am Ende seines Lebens als »Papa Schmid« selbst zur öffentlichen Figur geworden war, haben es vermocht, München um ein kleines Stück unverwechselbarer Öffentlichkeit zu erweitern. Die Stadtväter haben es gedankt und ihnen im Jahr 1900 ein eigenes Theater erbaut. Es spielt heute noch.

IV.

Franz Pocci wurde am 7. März 1807 geboren, ein Jahr, nachdem das Heilige Römische Reich Deutscher Nation auseinandergebrochen, das Kurfürstentum Bayern zum Königreich geworden war und einen Monat nach der blutigen Schlacht bei Preußisch-Eylau. Sein Vater, italienischer Herkunft, kämpfte dort als Generalstabsmajor des bayrischen Rheinbund-Kontingents für Napoleon auf Seiten der progressiven Kräfte Frankreichs gegen das feudal-absolutistische Russland und Preußen. Später fiel die Familie vorübergehend in »Ungnade«; ihr bescheidener Wohlstand veranlasste die künstlerisch ambitionierte Mutter, ihren Sohn Franz trotz musischer Begabung eine bürgerliche Laufbahn einschlagen zu lassen. So wurde der junge Pocci nach einem Jurastudium zunächst Verwaltungsbeamter. König Ludwig I. jedoch berief den Dreiundzwanzigjährigen durch allerhöchste Gnade in den Hofdienst, machte ihn 1830 zum Zeremonienmeister und bestätigte

---

[12] Über Görner und seinen Beitrag zur Entwicklung des Kinderstücks in Deutschland – vgl. Schedler a. a. O. – Manfred Jahnke, Von der Komödie für Kinder zum Weihnachtsmärchen, Meisenheim am Glan 1977.

ihm das Ritterlehen Ammerland am Starnberger See. 1847 rückte er zum Intendanten der königlichen Hofmusik auf und wurde 1864 Oberstkämmerer des jungen Ludwig II., des »Märchenkönigs«.

46 Jahre lang hat er drei Königen treu gedient, war »drîer künege getriuwer kameraere«. Die Bürger der Stadt München schätzten ihn als Mittelpunkt gelehrter wie geselliger Vereinigungen, wie der »Gesellschaft für Altertumskunde« oder der »Zwanglosen«. Ihm verdankten sie nicht nur manch historischen Forschungsbericht, sondern auch zahllose »hingehexte« humorvolle Zeichnungen und Pasquills.

Freunde nannten ihn mitunter einen »Karikaturen-Raffael«. In seinen zahllosen »Selbstbildnissen« wusste er am besten über sich zu lachen. Der Hof, die Stadt, sein Rittergut – das waren die Fixpunkte seines Lebens.

München war Poccis Heimatstadt; seine poetische Heimstatt jedoch fand er von Anfang an in einer anderen, längst versunkenen Welt, in der eine mittelalterlich verbrämte Idealgesellschaft scheinbar intakt, ein deutscher Gesamtstaat scheinbar noch vorhanden war. Diese rückwärtsgewandte Weltsicht enthüllt Poccis Sehnsucht nach harmonischen menschlichen Beziehungen und geordneten patriarchalischen Verhältnissen. Konservativ-katholische Kreise im Hause von Joseph Görres hatten den jungen Dichter darin beeinflusst. Hier traf er noch Clemens von Brentano, den er so sehr verehrte; hier schloss er aber auch Freundschaft mit Guido Görres. Durch den alten Görres, einst ein Anhänger der französischen Revolution, lernte er die deutschen Volkslieder und Volksbücher kennen. Dieser im Alter konservativ gewordene Literat gab nicht nur mit Illustrationen von Pocci und einigen anderen Künstlern die neugotisch aufgemachten »Festkalender« und seine »Marienlieder« heraus, sondern er redigierte später auch die »Historisch-politischen Blätter für das katholische Deutschland«. Pocci zeichnete und illustrierte, hielt sich aber von diesen ultramontanen Bestrebungen weitgehend fern.

Aufschlussreich und widersprüchlich gestaltete sich seine naive katholisch-konservative Grundhaltung während der 1848er Revolution. Poccis Werkverzeichnis dokumentiert drei Flugblätter aus jener Zeit.[13] Im ersten wandte er sich in »treuherzigen Worten« an seine »lieben Bauern«, um sie »vor den Umtrieben des Jahres 1848« zu warnen. Des Weiteren ließ er unter den Überschriften »Im April 1848« (»Der deutsche Michel ist erwacht«) und »Arbeiterlied« (»Ich bin ein schlichter Arbeitsmann«) zwei längere Gedichte drucken, die eine ähnliche Grundtendenz verfolgten.

Als er für das Puppenspiel zu schreiben begann, verfasste er auch zwei

---

[13] Vgl. Franz Pocci (Enkel), Das Werk des Künstlers Franz Pocci, München 1926, S. 65 (Nr. 229–231).

Hefte für einen katholischen Bücherverlag: Im »Büchlein von A bis Z« (1857) predigt er »Andacht« und »Arbeit«. Und auch im »Bauern ABC« (1856) weiß er mit seinen Bauern zu reden; die Worte »*Fromm, fleißig und fröhlich* – das sind drei Wörtlein aus dem ff«. »Kurz – alles ist so, wie es sein soll.« Und mit ausdrücklichem Bezug zu den Jahren 1848/49 sind Revolutionäre nichts anderes als Abgesandte des »Erzrevolutionsmachers Satanas«. Zu dessen »irdischer Compagnie« rechnete er »alle Atheisten und sonstiges derlei Gesindel, die uns den Glauben abdisputieren möchten«. (Im Eifern wie im Übereifern waren die Bayern schon immer groß.) Ein sich selbst überlassenes Volk verglich Pocci mit einer Schar unmündiger »Kinder ohne Aufsicht«:

> Ein Volk sich selbst überlassen, ist wie eine Schar Kinder ohne Aufsicht – ja noch ärger, weil die Großen, Ausgewachsenen von allen Teufeln gehetzt sind, als da sind: Eigennutz, Geld- und Gewinnsucht, Sinnlichkeit, Hoffart u. dgl. mehr.[14]

Somit übernahm auch er noch die tradierte Auffassung vom unmündigen »Kind-Volk« als Ausdruck vormärzlichen Obrigkeitsdenkens, als er für des Volkes Kinder zu schreiben begann. Doch sein historischer Blick war nicht blind angesichts der großen gesellschaftlichen und ökonomischen Umwälzungen, die er selbst miterlebte. Erstaunlich mitunter seine persönlichen Einsichten:

> Revolutionen sind in der Entwicklung der Völker notwendige Erscheinungen. Analog den Gewittern, welche allerdings mit Zerstörungen und manchem Unheil als Beigabe die Luft reinigen und das atmosphärische Gleichgewicht wieder herstellen, geschieht in betreff der Alternierung des politischen oder staatlichen Gleichgewichts durch die Revolution dasselbe. Das Übergewicht dynastischer Tendenz ist ein Unrecht, eine Störung des volksrechtlichen Prinzipes. (1865)[15]

Erstaunlich auch Gedanken, die er lieber nicht veröffentlichte:

> ... denn das »L'etat c'est moi« zu sagen, stünde wohl eher dem Volke als den Regenten zu. – So ist das Jahr 1848 rsp. 1849 *jetzt* schon vergessen! Die Gesalbten sind mit Blindheit geschlagen und bleiben blind, bis der Star ihnen wieder gestochen wird. Das nächste Mal könnte sie aber die Operation den Kopf kosten![16]

In dem Zyklus »Herbstblätter« von 1867 aber liest man es wieder anders. Hier offenbart sich Poccis tiefe Furcht vor den Volksmassen, obwohl er ihnen zubilligt, dass diese sich ihrer Kraft in der Geschichte bewusst geworden sind:

---

[14] Pocci, Bauern ABC (1856), S. 76.
[15] Pocci, Gedanken und Betrachtungen, zit. nach Ludwig Krafft (Hg.), Franz Pocci, Kasperl- und Gedankensprünge, München 1970, S. 153.
[16] Pocci, Gedanken und Betrachtungen, in: Aus Poccis Nachlaß. Die Meister, 2. Jg., H. 7, München 1921.

Bald aber kam die freie, neue Lehre,
Daß auch das Volk von Gottes Gnaden sei,
Und Wogen stürmten mächtig an die Throne;
Die Kronen fielen und die Zepter brachen,
Die Völker krönten sich zu eignen Herrschern.
Und wieder blick ich in vergang'ne Zeit;
Da seh' ich Henkerbeile, blut'ge Banner,
Als nacktes Weib vergöttert die Vernunft
Und mord- und siegestrunkne Pöbelhaufen –
Von Tausenden dünkt jeder sich als König!
So wähle denn! doch laß dich Clio lehren
und forsche in der Muse heil'gen Büchern:
Von Einem lieber will beherrscht ich sein,
Als von der Menge tausendfält'ger Macht.[17]

Gewiss, der Münchner Aristokrat und Hofbeamte war alles andere als ein Anhänger revolutionärer Veränderungen. Aber er gehörte mit Sicherheit auch nicht zu den Dunkelmännern der Reaktion, da seinem Wirken keinerlei realpolitische Machtinteressen zugrunde lagen. Er nahm z. B. keinen Anteil an Bayerns »Trias«-Konzeption, sich als dritte deutsche Großmacht an die Spitze der Mittelstaaten zu setzen. Wenn Pocci »eingreifende« Absichten zu erkennen gab, waren sie stets moralisch-ästhetischer Art; partikularistische lagen ihm fern. Wenn er 1855 im Prolog zum »Neuen Kasperl-Theater« seinen Kasperl die Hoffnung aussprechen lässt: »Dieses unser Werk soll ein Gemeingut des gesammtdeutschen Vaterlandes sein«, so ist diese Bemerkung sicher nicht als politisches Bekenntnis für eine in Ferne gerückte Reichseinigung aufzufassen. Mit dem Rückgriff auf den alten deutschen Spaßmacher gedachte er vielmehr, den deutschen Puppentheatern eine allen gemeinsame lustige Figur zu schaffen – also Kunst als einigendes Band in nationalstaatlicher Zersplitterung, Rückgriff als Fortschritt, zumindest im ästhetischen Bereich.

V.

Leben und Wirken des »Kasperlgrafen« treten um so plastischer hervor, wenn man sein gesellschaftliches Umfeld in die Betrachtung einbezieht. Sie sind das Spiegelbild des märchenhaften Aufstiegs Münchens von der Kleinstadt zur Königs- und Kunstmetropole. München und das Land Bayern standen im Vormärz ganz im Zeichen Ludwig I. (reg. 1825–1848), eines Monarchen, der im Sinne Metternichs einen spätfeudalistischen, patriarchalischen Herrschaftsanspruch repräsentierte. Das Ruhmesblatt seiner

---

[17] Pocci, Herbstblätter, München 1867, S. 103f.

Regierung verzeichnete nicht politischen Fortschritt, sondern eine reiche Förderung von Kunst, Wissenschaft und Technik. Immerhin fuhr in seinem Land die erste deutsche Eisenbahn, und es besaß (anders als Preußen) eine Verfassung. Ludwig ließ u. a. Kreditvereine für Gutsbesitzer einrichten, aber auch lange vor Bismarck Versicherungsvereine für die untersten Volksschichten. Joseph Leonhard Schmid war einer ihrer Angestellten. Die kirchliche Vormachtstellung schloss freilich auch restriktive Seiten der Kindererziehung ein. »Nicht sogenannte Volksbildung, sondern Erziehung zu guten Christen und Untertanen« war die Devise.[18] Sie wirkte lange nach, und selbst Schmid bekam sie bei seiner Theatergründung zu spüren.

Unter Maximilian II. (reg. 1848–1864) kehrte nach anfänglichen Reformen die Reaktion auch nach München zurück. Es waren die Jahre der Demokraten-Verfolgung und Gesinnungsschnüffelei, des Rückfalls in Gleichgültigkeit und vormärzliches Duckmäusertum. Gerade in diese Zeit fällt Poccis Hauptwirkung als Volksschriftsteller. Seine Bücher erstrebten Hausbuch-Charakter, angefangen von den »Festkalendern« (1833ff.), dem »Einmaleins in Reimen und Bildern« (1853), den Herausgaben bzw. Illustrationen zahlreicher Lieder bis hin zu den mittelalterlichen »Totentänzen«, die er immer und immer wieder zeichnete und denen er aufs Neue meisterhaft Gestalt verlieh (z. B. 1862); oder seine »Dramen im Volkston« für das Schauspielertheater »Gevatter Tod« (1855) und »Michel der Feldbauer« (1858). Werke also, mit denen er sich eigentlich im Widerspruch zur offiziellen Schreibweise befand und in denen er als Hofbeamter es versäumte, »klassische Ideen in ihren Repräsentationswert umzumünzen«, wie Walter Hinck die »allgemeine Tendenz der Epoche« charakterisierte.[19]

> Ich wollte dem *Volke*, nicht den ästhetischen Kritikern, ein Stück schreiben, einfach, poetisch und gesund, ohne Phrasen und Tendenzen,[20]

bekannte Pocci einmal. Er wetterte auch gegen »die ›geschlechtslosen‹ Jugendblätter« der Isabella Braun, welche damaligen Standard repräsentierten, für die er aber oft Beiträge lieferte:

> Für *Kinder* will ich gerne schreiben und kann es vielleicht auch, aber für so halbgewachsene Sentimentalitäten tauge ich nicht. Ich springe dann lieber gleich ins Leben weiter hinaus.[21]

---

[18] Michael Doeberl, Entwicklungsgeschichte Bayerns, Bd. 3, München 1931, S. 121f.
[19] Walter Hinck, Epigonendichtung und Nationalidee , in: ders., Von Heine zu Brecht, Frankfurt/M. 1978, S. 71.
[20] Poccis Brief vom 15. Februar 1855, in: Justinus Kerners Briefwechsel mit seinen Freunden. Bd. 2, Stuttgart/Leipzig 1897, S. 438.
[21] Poccis Brief vom 19. August 1862, in: Die Meister, 7. Jg. 5, München 1926, S. 137.

Unter König Max atmete Münchens kulturelle Blüte Treibhausluft. Pocci blieb davon unberührt und wandte sich nun bewusst der alten Volkstradition des Puppenspiels zu, um »der Jugend nur Gesundes und Frisches zu bieten«.[22] Diese beiden Begriffe müssen für ihn »Fahnenworte« gewesen sein; denn der offizielle Kunstbetrieb sah anders aus. Unter Kaulbach, seit 1849 Direktor der Königlichen Akademie der Künste, steigerte sich die zeitmodische Historienmalerei zu protziger Monumentalität. Nationale Identität glaubte man in einer romantisch verklärten Vergangenheit alter Baudenkmäler zu finden. Gegen Ende seines Lebens hat Pocci viel »Über den Verfall der Kunst in München« nachgedacht. In diesem 1872 entstandenen Aufsatz kam er bei aller Würdigung echter Leistungen zu dem Schluss, es dominiere nicht »der *Gedanke* in jedweder Kunstleistung«, sondern es sei zu sehr »die Realität des *Machens* in den Vordergrund getreten«.[23] Diese Feststellung lässt sich auch auf die Dichtkunst übertragen; sie war unter König Max, der selbst Gedichte schrieb, zu einer Art Historienmalerei der Worte aufgequollen, wo selbst eine Blume in heroischem Pathos erstarrte:

> Hoch über dunklen Klüften, tief geborsten,
> Noch höher als die Königsadler horsten,
> Auf steiler Felswand wächst das Edelweiß -.[24]

Die Münchner Akademische Dichterschule, vor allem die vom König berufenen »Nordlichter« (Geibel, Heyse, Schack, Bodenstedt), orientierte sich an klassizistischen Mustern. Und der junge Pocci bedichtete die »Zwanglosen«:

> Im poet'schen Dunst und Nebel,
> In Tabaksqualm eingehüllt,
> Wie das tobet, wie das dränget,
> Wie das lärmet, schreit und brüllt.

Sein Kasperl spottete derweil:

> Alleweil Poesie und Schwärmerei - niemals Wirklichkeit ...[25]

---

[22] Poccis Brief an Schmid, vom 17. August 1858, vgl. S. 98.
[23] Pocci: Über den Verfall der Kunst in München. In: Kasperl- und Gedankensprünge, S. 149.
[24] Friedrich v. Bodenstedt, Das Vorbild rechter Frauenart. Zit. nach Fritz Nötzold (Hg.), Wie einst im Mai. Schmachtfetzen aus der Plüsch- und Troddelzeit. München 1966, S. 117.
[25] Vgl. »Dornröslein«, in: Lustiges Komödienbüchlein von Franz Pocci, Hg. Franz Pocci (Enkel), München 1921, S. 67. - Beim Vergleich mit dieser von Nöbel zitierten, erst 1921 abgedruckten handschriftlichen Fassung erscheint die erste gedruckte Fassung, der Werkausgabe I, Band 2, S. 147 folgt, gemildert. Hier lautet der Text: »Was hab ich an euern schönen Poesien? Das sind nur Luftbilder und Träume, von welchen kein mit Vernunft begabtes zweibeiniges Thier satt wird!« Kasperl heißt auch noch Christoph! (U. D.)

Zur Geisteshaltung der Isar-Dichter, von denen manch einer gegen einen Ehrensold sein Ressort verwaltete, und zu den Karyatiden der Akademie gesellten sich die Weißwurst-Philister, andernorts ebenso berühmt wie die Bavaria: »Die Gleichheit vor dem Nationalgetränk milderte den Druck der sozialen Gegensätze.«[26] Bei Pocci beteten selbst die Wilden in »Der artesische Brunnen« einen bayrischen Maßkrug als ihr »Heiligtum« an, vor dessen »himmlischer Erscheinung« nicht nur ein Kasperl auf den Knien liegt.

Doch den Zeitgenossen war der Humor abhanden gekommen, wie Chronisten übereinstimmend berichten:

> Es ist eigentlich eine böse Zeit! Das Lachen ist teuer geworden in der Welt, Stirnrunzeln und Seufzen gar wohlfeil. Auf der Ferne liegen blutig dunkel die Donnerwolken des Krieges, und über die Nähe haben Krankheit, Hunger und Not ihren unheimlichen Schleier gelegt ...[27]

Das schrieb kein aristokratischer Zeitgeist aus Isar-Athen; diese Sätze schrieb weitab in Spree-Athen der junge Bürgersohn Wilhelm Raabe, als er sich 1858 anschickte, in der »Maske eines alten Mannes« Schriftsteller zu werden. – Maskierung als Zeitsymptom!

Zu gleicher Zeit begann Pocci, sich endgültig dem Puppentheater zuzuwenden, und die lustige Figur wurde sein Sprachrohr. Darüber hinaus hat er sich nicht nur im Kostüm seines Kasperl Larifari wiederholt selbst konterfeit; auch zeichnete er damals seine berühmt gewordene Vignette des Narren, der sich die Maske mit den Zügen Franz Poccis vor das Gesicht hält. Der Einband der Komödienbändchen in der Pocci-Werkausgabe zeigt sie.

Wenn so unterschiedliche Künstler wie Raabe und Pocci zeitgleich die Maske als ästhetisches Mittel benutzten, war dies zweifellos Ausdruck einer gemeinsamen, tiefgehenden Krisenerfahrung. Aber während dem Berliner Chronisten der Sperlingsgasse das Lachen »teuer geworden« war, stellte der Münchner Humorist der Zeit seinen völlig unzeitgemäßen Spaßmacher entgegen, um sich von einer miserablen Gegenwart zu distanzieren. Als Mittel zur Distanzierung empfahl er einen möglichst guten Humor,

> denn bisweilen muß der Mensch sein' Gspaß haben, damit er sich nicht z'todt weint in der traurigen Welt, wo Noth und Elend oft aus- und einspazieren.[28]

Nicht zufällig entdeckte Pocci gerade jetzt das Puppentheater als eine ihm zeitgemäß erscheinende und pädagogisch wirkungsvolle Ausdrucksform.

---

[26] Paul Heyse, Jugenderinnerungen und Bekenntnisse, Stuttgart 1912, S. 245.
[27] Wilhelm Raabe, Die Chronik der Sperlingsgasse, Anfang des Romans.
[28] Pocci, Prolog, in: Lustiges Komödienbüchlein 6, S. XII, vgl. Werkausgabe I, Band 7.

Eine fortschreitende Verbürgerlichung der »guten Gesellschaft«, die mit der Durchsetzung der kapitalistischen Warenproduktion immer deutlicher hervortrat, provozierte ihn zu immer neuen Formen des Widerspruchs. Mitunter hatte er wie ein bayrischer Holzfäller das Gefühl, es »müßte nach *allen* Seiten hin gehauen werden«.[29] Karl Schloß weiß von einer Begebenheit zu berichten – mag sie nun böse Wahrheit oder gute Erfindung sein –, »wie der Herr Hofzeremonien-Meister am hellen Tage auf der Ludwigstraße vor einem Passanten ehrfurchtsvoll beiseite trat und ihm jenen in Demut ersterbenden Gruß zu Füßen legte, der sonst nur Mitgliedern des königlichen Hauses« gebührte.[30] Verließ Pocci das Haus, tanzte er mit seiner Frau des Öfteren erst einmal eine Runde auf der Straße – wie die Fama zu berichten weiß.

Seinen quälenden Zwiespalt von Mittelalter-Nostalgie und hereinbrechendem Industriezeitalter kompensierte er in einer »Zickzackbewegung von Zustimmung und Ironisierung«.[31] Der Historiker Michael Dirrigl hat zu Recht darauf verwiesen: »Pocci litt wie Hölderlin im Blick auf ›das Kleinliche und Barbarische der Welt‹.«[32]

Dem dichtenden und ständig Burgen zeichnenden Hofbeamten blieb nur die Flucht in eine rastlose, mitunter manische Produktivität.

VI.

Mit den Arbeiten für das Puppentheater begann Poccis zweite Karriere als Künstler. In seinen Marionettenstücken ist wohl am gültigsten seine widerspruchsvolle Haltung zur nachrevolutionären Zeit ablesbar. Sie reflektierte bei aller Abhängigkeit von Elementen der Trivial-Romantik das humanistische Ideal eines konservativen Dichters, der sich – zumindest auf dem Puppentheater – die Illusion einer prästabilisierten Gesellschaftsordnung zu erhalten suchte. Die Wiederbelebung des alten Hanswurst-Kasperl, die Hinwendung zum traditionellen Puppenspiel überhaupt, waren für ihn Rückgriffe auf (scheinbar) »gesicherte Werte«. Die alte Volkskunst benutzte er als Medium, mit dem er das sich verflüchtigende Realitätsgefühl und die Krisenhaftigkeit seiner Gegenwart in einer ästhetischen Distanz zu artikulieren versuchte – für ihn »das letzte Kapitel von der Geschichte der Welt« (Kleist).

---

[29] Zit. in Dietrich Leube (Hg.), Franz Graf Pocci, Viola Tricolor in Bildern und Versen, Frankfurt/M. 1977, S. 48.
[30] Karl Schloß (Hg.), Die Puppenspiele des Grafen Franz Pocci, München 1909, S. 4.
[31] Leube, a. a. O., S. 48.
[32] Michael Dirrigl, Franz Graf Pocci. Der Kasperlgraf, Nürnberg 2001, S. 159.

Die Eröffnung von Schmids Puppentheater für Kinder fungierte dabei als Katalysator. Aus Schmids Gesuchen ist zu entnehmen, dass dieser den Kasperl am liebsten ganz abschaffen wollte. Pocci jedoch, der sich »als der aufmerksamste und theilnehmendste Zuschauer« des Dultkasperl zu erkennen gab, setzte auf ihn. Er vertraute ganz der Vitalität und theatralischen Wirksamkeit, die er in dem verkommenen Kerl zu Recht noch vermutete. Außerdem blieb ihm keine andere Wahl; denn Schmids Bestreben, »nicht bloß unterhalten, sondern auch Sittlichkeit und Religiosität mehr und mehr in den Kinder-Herzen erwecken«,[33] zielte auf ein kleinbürgerliches Erbauungs- und Besserungstheater, zu dem er sich von Pocci Unterstützung erhoffte. Ihm schwebte ein Repertoire im Geiste des damals viel gelesenen katholischen Jugendschriftstellers Christoph von Schmid vor, und er erwartete vom Dichter Ähnliches. Aus diesem kapitalen Missverständnis ist beider Zusammenarbeit entsprungen. Selbstverständlich ging der Graf nicht auf Schmids Kleinbürger-Pädagogik ein. Doch durch ihn erkannte er, dass damals die Kardinalfrage des Puppenspiels nur über den Spielplan zu lösen war, durch eine Neuprofilierung des alten Hanswurst-Kasperls und in einer neuen Spielkultur.

Von Anfang an suchte Pocci seinen Schützling über das Niveau der traditionellen Wandertheater zu heben. Als Erstes verschaffte er ihm das, was diese nicht besaßen: ein eigenes und neues, puppengemäßes Repertoire. Es kam nicht nur aus seiner Feder; es kam auch von namhaften Münchner Amateurschriftstellern, z. B. von Hofmedicus Harleß, Franz von Kobell oder Freiherr von Gumppenberg. Andere Teile des Repertoires stammten noch aus dem Fundus von General Heideck oder auch Herzog Max.

Nur aus den vereinten Bemühungen heraus, Puppentheater als ein Vehikel zur Verbreitung eines (wenn auch konservativen) Traditionsbewusstseins zu machen, erklärt sich das Funktionieren der Zusammenarbeit zwischen dem Aristokraten und dem Mann aus dem Volk; denn eine derartige Konstellation wäre eigentlich in der Öffentlichkeit von damals weder denkbar noch wünschenswert gewesen. Nicht umsonst würdigte die Münchner Presse die Eröffnung dieser Bühne mit keiner Zeile.

Nur aus der Frontstellung der gebildeten Stände gegen eine akademische, überzüchtete Retortenkultur ist die Förderung dieses verkommenen, aber immer noch robusten Zweigs der alten Volkskultur und ihres komischen Protagonisten zu begreifen. Wenn Friedrich Sengle mit Bezug auf Nestroy feststellte, »es muß in Wien eine Art Verschwörung zwischen Adel und Kleinbürgertum gegen die Bildungsbürger, die nach Deutschland blickten, gegeben haben«,[34]

---

[33] Brief Schmids an Pocci, in: Riedelsheimer S. 19.
[34] Friedrich Sengle, Biedermeierzeit, Band 2, Stuttgart 1972, S. 342.

so ließe sich das sinngemäß auch auf München übertragen. Hier haben Pocci, Hierneis, Kolb und andere, die ungenannt blieben, einem bildungswütigen Epigonentum die »ungebildeten« Kasper- und Marionettenstücke für Kinder entgegengestellt. Wie ist sonst Poccis »Ankündigung« von Schmids Bühne zu begreifen, in der er einer besserwisserischen und regressiven Schulpolitik das Einfache und Naive polemisch entgegenstellte:

> Die Superklugheit möchte überall das Regiment führen und Einfalt oder Naivität scheint wirklich als ein altmodisches Möbel in die pädagogische Rumpelkammer gestellt worden zu sein.[35]

Oder wie anders liest sich der kurz vor Schmids Eröffnung von Pocci in die Münchner »Allgemeine Zeitung« lancierte Artikel über die »fünfte Schauspielbühne«, in dem er die Traditionslosigkeit des Lachens in Deutschland beklagt:

> nur Schade, daß der Deutsche in gewissen Beziehungen den Humor nicht vertragen, und dem guten Kasperl [!] nicht die Freiheit gegönnt werden kann wie dem Pulcinello, Cassandrino oder Consorten anderer Nationen.[36]

Es war aber nicht nur ein Beklagen fehlender Lachkultur in Deutschland. Es war darüber hinaus Ausdruck neuer bürgerlicher Volksaufklärung und Kindererziehung, wie sie mit der Romantik in den geistigen Zentren Deutschlands begonnen hatte. Es war ein Akt nationaler Selbstfindung auf Basis des Volkstümlichen (was damals noch keine abgegriffene Münze war). Es war nicht nur private Liebhaberei; es war dem Engagement einiger Gebildeter zu verdanken, die zur Erreichung konservativer Ziele Schmids Marionetten-Projekt gefördert haben. Zu recht spricht Reinhard Valenta von einer »Münchener Kulturrebellion« als Alternative zum Theater des bürgerlichen Realismus.[37]

VII.

Das kleine Theater und dessen Initiator wurden in der Stadt schnell populär. Dabei war Joseph Leonhard Schmid (1820–1912) gar kein gebürtiger Münchner, sondern stammte aus dem oberpfälzischen Amberg, wo sein Vater Stadtorganist war. Bevor aus dem unbekannten Puppenspieler der hochangesehene »Papa Schmid« wurde, hatte er ein Arme-Leute-Schicksal hinter sich: Mit sieben Jahren wurde er Waise, mit zehn Jahren steckte ihn

---

[35] Vgl. Riedelsheimer S. 24.
[36] Nach: Allgemeine Zeitung (München) vom 26. November 1858, zit. in: Walter Pape, Das literarische Kinderbuch, Berlin/New York 1981, S. 281.
[37] Reinhard Valenta, Franz von Poccis Münchener Kulturrebellion. Alternatives Theater in der Zeit des bürgerlichen Realismus. München 1991.

sein Vormund als Chorknabe in eine geistliche Anstalt und mit zwölf in eine Buchbinderlehre; mit 16 Jahren ging er auf die Wanderschaft, wurde aber bald in seinen Heimatort zurückgeschickt, weil er als Lungenkranker Armenpflege in Anspruch nehmen musste. Nach seiner Genesung wanderte der junge Schmid zu Fuß nach München, wo er sich eine Ausbildung als Chorsänger erhoffte; er besaß aber weder Geld noch Stimme, stand vor dem Nichts und war froh, wenn wohlhabende Leute ihm ab und zu einen freien Kosttag gewährten. Irgendwann erhielt er eine kleine Anstellung und durfte mit 23 Jahren heiraten. Sein Theater betrieb er eigentlich »nur« nebenberuflich bis zu seiner Pensionierung. Erst dann – bis ins hohe Alter hinein – widmete er sich ganz dem Puppenspiel und den Kindern. Schmids Enthusiasmus, seine Liebe zum Theater und zu den Kindern regten auch den Dichter zu immer neuen Produktionen an.

Neben der Marionette probierte Schmid das gesamte Instrumentarium damaliger Puppentechniken aus: Handpuppen, Schattenfiguren, Varieté-Puppen, gelegentlich Theatrum mundi und mechanisches Theater, ja selbst Chromatropen. Auf dem Höhepunkt seiner Popularität besaß er ein Repertoire von nahezu 300 Stücken und Szenen, darunter das (für damals) alleinige Aufführungsrecht von 53 Pocci-Stücken. Diese Exklusivrechte hatte ihn Poccis Witwe 1877 testamentarisch zugesichert.[38]

Schmid war 36 Jahre alt, als er sich ein Herz fasste, mit einem Puppentheater für Kinder an die Öffentlichkeit zu treten, und er hat seinen Dichter um abermals 36 Jahre überlebt. Insgesamt 54 Jahre lang war »Papa Schmid« Puppenspieler und Leiter eines sich ständig vergrößernden Unternehmens, das er mit Unterstützung einheimischer Gönner und Künstler zu einem Muster-Theater von hoher Professionalität führte.

Gezeichnet hat Pocci den Mann aus dem Volke nie. Sein Zeichenstift blieb wohl seinesgleichen vorbehalten. Aber augenzwinkernd (und doch mit Distanz) bekannte er anerkennend:

> Der Unternehmer Schmid hat wirklich eine wahre Manie für die Sache, denn sein materieller Gewinn ist unbedeutend und seine Mühe groß. Er spricht den Kasperl selbst mit viel Humor und Lust, so daß er auch außerhalb der kleinen Bühne selbst zum Kasperl geworden.[39]

Allerdings hat Schmid über Jahrzehnte kein eigenes Spiellokal besessen, sondern sah sich veranlasst, innerhalb Münchens wiederholt umzuziehen. Er war 79 Jahre alt, als ihm die Stadt ein festes Haus errichtete. Genauer

---

[38] Vgl. Riedelsheimer, S. 29.
[39] Pocci, Das Marionettentheater in München (1873); zit. nach Georg Schott, Die Puppenspiele des Grafen Pocci, ihre Quellen und ihr Stil. Diss. phil. München. Frankfurt/M. 1911, S. 93.

gesagt, der Magistrat baute ein kommunales Theater (vorn Theater, hinten Bedürfnisanstalt) und schloss mit Schmid einen Pachtvertrag ab, damit die »Fortführung im bisherigen Sinne, namentlich mit dem bisherigen Repertoire und den bisherigen Eintrittspreisen gesichert bleibt«.[40] Ein teurer, aber einträglicher Akt kommunaler Kunstförderung. Damit war es zum ersten Male in Deutschland gelungen, ein Puppentheater als festen Bestandteil in das Kulturleben einer Stadt einzugliedern.

Schmids Bühne wurde zum Theatermodell für viele Gründungen, die bald nach der Jahrhundertwende einsetzten. Es waren vor allem bildende Künstler, die das Erbe des traditionellen Puppenspiels neu entdeckten und »künstlerische Puppentheater« gründeten – z.B. Hermann Scherer in St. Gallen (1903), Paul Brann in München (1906/07), Ivo Puhonný in Baden-Baden (1911), Richard Teschner in Wien (1912/13) oder Anton Aicher in Salzburg (1913). Oft bildeten Pocci-Stücke den Grundstock ihres reichen Repertoires. Sie wurden »klassisch«, als sie in Form von Klassiker-Ausgaben vorgelegt wurden und zu Musteraufführungen emporwuchsen – zur Gaudi der Kinder und auch zum Vergnügen vieler Intellektueller. Selbstverständlich hatten auch bald andere Puppenspiel-Nationen »ihren« Pocci entdeckt.

VIII.

In der deutschen Literatur stehen die Puppenstücke Franz Poccis am Ende einer langen Traditionslinie. Die Romantik, der er sich besonders verbunden fühlte, hatte seit den ersten Jahrzehnten des 19. Jahrhunderts ihren Höhepunkt längst überschritten. Der Dichter selbst bezeichnete sie als »eine herrliche, miserabelverkannte Verlassenschaft«.[41] Clemens von Brentano (gest. 1842) und Ferdinand Raimund (gest. 1836) waren neben anderen seine Bezugspersonen. Doch deren Zauber- und Märchenwelt war versunken, als Pocci begann, für das Puppentheater zu schreiben. Die Werke seiner Vorbilder – für ihn noch immer gesicherte Werte intakter Literaturverhältnisse – waren antiquiert und »auf'm Tandelmarkt um 12 Kreuzer gekauft«.[42] Aber zwischen ihnen und dem Dichter lag als der gravierende Einschnitt seiner Zeit die bürgerliche Revolution von 1848. Die Literatur – insofern die Schriftsteller im Lande geblieben waren – befand sich an einem Endpunkt.

Wohin, wohin soll ich das Dichterauge wenden?
Historisches ist ziemlich abgethan;
Verlassen ist auch der romant'sche Boden,

---

[40] Plenarsitzung des Magistrats vom 29. Dezember 1899; zit. bei Riedelsheimer, S. 29.
[41] Pocci, Das goldene Ei. Werkausgabe I, Band 3.
[42] Ebenda.

Man liebt die Märchen nimmer und dergleichen;
Hat Classisches sich nicht auch überlebt,
Seit Göthe seine Iphigenia schrieb?
Der Dichter soll nach Realistik greifen
Und auf culturhistor'schem Felde schweifen.
Woher dieß nehmen ...[43]

Vor diesem Dilemma stand nicht nur die von Pocci kritisierte Dichter-Figur des Lautenklang; vor ihm stand auch der kritisierende Dichter selbst.

Wenn Pocci sich mit seiner Zeit auseinandersetzte, so setzte er sich vor allem mit deren Literatur auseinander. Was er in seiner Gegenwart vorfand, war nicht mehr die von ihm so verehrte Literatur der Romantiker, sondern eine romantisierende Literatur, »wohlfeiler« Abklatsch aus zweiter Hand. Sie war, wie er längst wusste, nur noch der »Abdruck des Ausdrucks des Eindrucks eines Mondscheinstrahles aus der romantischen Zeit«.[44]

Poccis Marionettenstücke, soweit sie mittelalterliche Märchen- oder Sagenstoffe zur Grundlage haben, waren eigentlich Parodien auf jene romantisierende Literatur, die sich teils als Epos, teils in Romanform unmittelbar nach 1848 durchzusetzen begann. Es waren vielgelesene Werke, in denen trivialsentimentale Liebeshandlungen im Mittelpunkt standen und ein enthistorisiertes Mittelalter die Versatzstücke für ein romantisierendes »Weltgefühl« bildeten. Die Autoren entwarfen eine von Industrialisierung und gesellschaftlichen Erschütterungen unberührte Kunst-Welt, in der man die Standesschichtung des längst zerfallenen »ancien régime« konserviert hatte. Hier war die Welt noch in Ordnung: Der deutsche Wald, verträumte Burgen, stolze Bürgerhäuser, malerische Städtchen und entlegene Gehöfte bildeten die Staffage. Die dazugehörige Personage lieferten mild regierende Fürsten, irrende Ritter und edle Raubritter, züchtige Burgfräulein, ergebene Knappen, fromme Einsiedler, kauzige Gelehrte, biedere Bürger und arbeitsame Bauern; aber auch Feen, Magier und Zwerge gehörten dazu sowie fahrende Musikanten und »teutsche« Jünglinge mit dem unstillbaren Ideal im »teutschen« Herzen. Nie wurde er müde, diese Sujets aus der romantischen Requisitenkiste zu Papier zu bringen. Es war eigentlich eine Welt ohne Arbeit; es sei denn – ganz am Rande – die der Tagelöhner oder kleinen Handwerker. Und dann, in dem späten Schattenspiel »Odoardo« (1867), ganz plötzlich Hofschranzen-Satire gepaart mit Wagnerscher Todessehnsucht?

Auch die mittelalterlichen Totentänze hat der gläubige Katholik Pocci immer wieder gezeichnet, manche sogar in recht modernem Gewande – vielleicht als Ausdruck eines Zukunftspessimismus?

---

[43] Pocci, Dornröslein. Werkausgabe I, Band 2, S. 148.
[44] Pocci, Das goldene Ei. Werkausgabe I, Band 3.

Die Gründe für die damalige Popularität dieser Werke sind vielfältig. Erstens kam die romantisierende Literatur mit ihrem synthetischen Kunstmittelalter vor allem dem bürgerlichen und kleinbürgerlichen Lesepublikum entgegen, das den Banalitäten des Alltags und der sich immer mehr durchsetzenden Kapitalisierung zu entfliehen trachtete. Zweitens wurden in der Darstellung einer lokal und zeitlich abgeschlossenen »kleinen Welt« – gefördert durch eine ebenso leichte wie unbestimmte Identifizierbarkeit – die Ängste und Verunsicherungen der Bürger in der Restaurationsperiode kanalisiert. Drittens weckte der Rückgriff auf nationale Literaturtraditionen, auf die Rückgewinnung deutscher Stoffe aus Sage, Märchen und Geschichte, das Interesse aller progressiven oder auch nur national gesinnten Kräfte. Sie waren nach dem vorläufigen Scheitern der Einigungsbestrebungen um die Erhaltung der nationalen Identität bemüht. In der Besinnung auf die Geschichte und in einer veränderten Einstellung zur gemeinsamen deutschen Vergangenheit kam auch eine veränderte Einstellung zur »deutschen Frage« zum Ausdruck.

Doch nach dem »tollen Jahr« 1848 tritt auch der Versuch des Kleinbürgertums auffällig zutage, seine durch die missglückte Revolution verlorene Bedeutung in der Gesellschaft zu rechtfertigen und in nunmehr trivialisierten Werken wenigstens die Illusion eines harmonischen Weltbildes zu bewahren. Zudem ließ die durch eine zunehmende Kapitalisierung bedingte soziale Umschichtung des (zumindest) kleinbürgerlichen Lese- und Theaterpublikums den Wunsch nach Restauration des alten, untergehenden Gesellschaftsgefüges entstehen, der sich in rückwärtsgewandten Utopien der Trivialliteratur niederschlug.

Auch die Marionettenwelt Franz Poccis ist nicht frei von Elementen des Trivialen, von allerlei Versatzstücken und Figurenklischees der eingangs skizzierten romantisierenden Literatur. Doch seine hervorragende humanistische Bildung, seine kritische Orientierung an dem pädagogische Erbe der Aufklärung und nicht zuletzt sein Bekenntnis zu den Traditionen der Romantik bewahrten ihn vor dem Abgleiten in kleinbürgerliche Positionen Görnerscher Prägung. Der Dichter verbannte stoffliche Trivialitäten nicht von vornherein aus seinen Stücken, wenn in ihnen utopisch-phantastische Elemente enthalten waren. Er erkannte vielmehr, dass in diesen Elementen oft ganz reale Sehnsüchte verborgen waren, die es freizusetzen und für die kindlichen Zuschauer – ganz im Gegensatz zu Görner – in produktive Phantasie umzuwandeln galt: Zum einen förderte er den hohen Identifikationswert der alten Märchen, die er behutsam aktualisierte und in ihrer ursprünglichen Aussage zu erhalten trachtete. Zum anderen wirkte er in seinen besten Stücken durch eine dominierende Entfaltung des komisch-phantastischen Spielprinzips und des Kasperl von vornherein der Stereotypisierung und Schematisierung seiner mitunter doch recht banalen Vorlagen entgegen. Eben durch Transformierung des komisch-phantastischen Spiels aus der miserablen Wirklichkeit in die Sphäre des Märchens und des Zaubers aktivierte er sein Publikum zu der Erkenntnis, dass die gesellschaftliche Wirklichkeit eine Befriedigung realer kindlicher Erwartungen bzw. eine »reale« Lösung verweigerte und diese als eine »märchenhafte« in die Phantasie verlegte.

Pocci war einsichtig genug – fast könnte man sagen: so realistisch –, um seine Geschichten nicht unreflektiert einem zumeist kindlichen Publikum darzubieten. Das Besondere daran ist, dass er sie stets mit der die Leib- und Magenfrage stellenden Figur namens Kasperl konfrontierte. Mit Hilfe dieser Figur brachte er nicht nur deren sozialen Blickwinkel zu den Vorgängen ins Spiel, sondern gab auch zu erkennen, dass er seinen Stoffen durchaus kritisch oder ironisch gegenüberstand. Gerade durch die Einführung des Kasperls ist Poccis Puppenwelt für uns heute noch genießbar. Kasperl stellte für ihn das alles mobilisierende Medium dar, mit dem er eine anachronistische Brechung der romantisierenden Sujets zustande brachte. Darin bestand Poccis entscheidender Kunstgriff. Und dadurch vermögen uns seine Stücke theatralisch wie literarisch überhaupt noch zu interessieren.

Im Gegensatz zu vielen seiner Zeitgenossen bildete das »Romantische« seiner Stoffe nicht mehr bloßen Gegenwarts-Ersatz. Er kennzeichnete damit das nach rückwärts projizierte nationalbildende Ideal, das er in deutscher Geschichte und dem »romantischen« Geistesgut zu finden glaubte.

Und noch ein weiterer Bedeutungsinhalt ist wichtig: Das »Romantische« beinhaltete in besonderem Maße auch das phantastische Element – was bei Pocci sowohl das phantastisch-wunderbare als auch das phantastisch-komische Element bedeuten konnte. Gerade diese Aspekte stellen für uns heute einen entscheidenden Rezeptionsansatz dar. In dieser Beziehung erwies sich Pocci allerdings als ein Kritiker der Aufklärung, deren Rationalismus das Phantastische und Wunderbare verbannte. Karl Riha hat dazu bemerkt, dass es dabei »um die Rückgewinnung des Wunderbaren als einer eigenen Imaginationsform, des Zauberhaften und Närrischen in der Tradition des Märchens und des Schwanks« ging,[45] die ebenfalls nicht im Konzept der Aufklärungspädagogik vorhanden war.

Diese romantische Doppelbrechung, welche Tieck in seinem »Gestiefelten Kater« (1797) bereits vorgebildet hatte, gestattete Pocci, allerlei satirische Gegenwartsbezüge und parodistische Momente in seine Märchen- und Sagenstoffe einfließen zu lassen; und sie ermöglichten es ihm – völlig unnaturalistisch und ganz im Gegensatz zu Görner – die

---

[45] Karl Riha, Kaspers Wiederkehr. Vom Grafen Pocci zu H. C. Artmann, in: Norbert Miller und Karl Riha (Hgg.), Kasperletheater für Erwachsene, Frankfurt/M. 1978, S. 428.

Märchenwelt als eine ästhetische, eben als phantastische Welt auszustellen, in der die Bühnenwirklichkeit sich als Theater-Spiel selbst entlarvt. Interessant ist auch, wie der Dichter die damals in Mode kommenden Feerien in seinen Puppenkosmos einbezog. Sie stellten einen direkten Nachfahren der barocken Maschinenkomödie dar, die im Wiener Zaubertheater und Raimunds Zauberpossen ihre späte Ausprägung fanden, bevor sie über Frankreich in modernisierter Form wieder zurückkehrten. Schnelle, verblüffende Verwandlungen von Personen oder ganzer Szenerien, der Kampf der Feenreiche oder der Zauberer untereinander – deren Ausgang über das Glück des Liebespaares entschied – und vor allem ein Personal mit grotesk-phantastischer Überzeichnung kamen Poccis märchenhaftem Gemüt und dem Puppengenre sehr entgegen.

Last but not least: Poccis Theater war auch ein Lachtheater, der volkstümlichen Posse in mehr als einem Punkt verwandt. Neben äußeren Merkmalen, den musikalischen Einlagen, possenmäßigen Ansprachen an das Publikum und der lokalen Einbindung des Sujets, weisen seine Kasperlstücke in Struktur und Dramaturgie mancherlei Ähnlichkeiten mit den Spielvorlagen zeitgenössischer Possentheater auf (z. B. die Posse »Die Partie nach Starnberg oder Casperl als Robinson« von 1860). Viele Kasperlkomödien, insofern sie im kleinbürgerlichen Milieu der Gegenwart spielen und aktuelle Begebenheiten aufgreifen (z. B. Garibaldi, die biedermeierliche Lotteriewut, oder Wahrsagerei), sind den Schauspielerpossen von damals sehr ähnlich und stellen im Grunde genommen nichts anderes dar als modifizierte Münchner Lokalpossen auf dem Puppentheater.

IX.

Poccis Kasperl Larifari ist der Schlusspunkt im Leben eines Spaßmachers aus spätfeudalistischer Zeit, der sich nach archetypischen Vorstellungen eine praktikable Narrenfigur geschaffen hatte. Unter bestimmten historischen, lokalen und theaterpraktischen Voraussetzungen hat diese Figur ihr jeweiliges Profil erhalten.

Poccis Rezeption der lustigen Figur ist als Aufnahme alter, längst verlorengegangener Volkstheatertraditionen des 17./18. Jahrhundert zu werten. Sie ist sichtbarer Ausdruck seiner Kritik an den rationalistischen Theatertraditionen der deutschen Aufklärung, die den Gaudimacher vom bürgerlichen Theater programmatisch ausgeschlossen hatte. Diese Figur war also längst tot, als Pocci sie wieder hervorholte und für seine Zwecke neu präparierte.

Der Dichter fand sie im alten Wiener Volkstheater wieder, genauer gesagt, unter dem Schutt einer ehemals reichen Volkstheater-Ära. Es war ein bewusster Rückgriff auf Traditionen des Barock, welche Pocci zur lustigen Figur und zum Puppentheater führte. Durch ihn wurde die Hanswurst-Figur wieder literaturfähig, das heißt, aus der burlesken Kasperliade der Jahrmärkte in das romantisch-phantastische Märchentheater verpflanzt.

Poccis Annäherung an den alten Wurstl geschah auf Umwegen, anfangs noch suchend und tastend, zunächst darauf bedacht, ihn soziologisch für Kinder zu »präparieren«. So tauchte er bei ihm erstmals 1837 (genau hundert Jahre nach der Vertreibung durch Gottsched!) als Titelbild eines seiner »Festkalender« auf: Hanswurst, von einer Kinderschar umringt, vor einem Guckkasten. Dann brachte er andernorts 1843 dessen karnevalistische Abstammung in Erinnerung. Inmitten eines närrischen Treibens der »Zwanglosen«, die Hanswurst anführt, befindet sich auch Pocci mit der Schrifttafel unterm Arm: *»Hony soit qui mal y pense.«* Dann wurde ihm eine Kinder-Erzählung gewidmet. Darin landete »Freund Hanswurst« – wie er noch traditionsgebunden hieß – in einem Gemischtwarenladen und musste »in einem Puppenspiel die Hausknechtsrollen übernehmen«. In einer weiteren Erzählung führte sein Weg vom Spielzeugladen zu adligen Kindern, die ihn aber bald beiseite warfen, und fand sich schließlich bei Kindern armer Leute wieder, die ihn erfreut aufnahmen, neu einkleideten und ihm sein scharlachrotes Herz gaben:

> Also hat Kasperl seinen Weg gemacht aus dem reichgeschmückten Laden des Herrn Strobelmayer und Compagnie in das Haus zu den Grafenkindern; dort in die Rumpelkammer, dann in den Tragekorb der Lumpensammlerin, schließlich prangt er wieder am Weihnachtstische – allerdings in anderer Gestalt und unter anderen Verhältnissen ...[46]

So jedenfalls hat Pocci Jahre später in einer Weihnachtsgeschichte den Abstieg der lustigen Figur in die Beliebtheit, ihr Asyl bei den Kindern, ihren Funktions- und Gestaltwandel weiter verfolgt.

X.

Das Theater betrat er bei Pocci quasi durch die Hintertür. In seinen »Dramatischen Spielen für Kinder« (1850) kam der Wurstl lediglich als Prologsprecher und im Nachspiel vor:

> Ich darf in heut'ger Zeit nur unbemerkt agieren,
> Da auf der Bühne man mich nicht will tolerieren.
> Man ist jetzt zu gescheut – ich bin veraltet,
> Der Sinn der Welt ist allzu sehr erkaltet ...

---

[46] Pocci, Kasperle's Weihnachten, in: Jugendblätter für christliche Unterhaltung und Belehrung. Hg. Isabella Braun, Stuttgart 1859, S. 426.

Unter dem Namen Kasperl präsentierte er sich zum ersten Male in der Bildergeschichte »Kasperl auf der Jagd« (1852). Nach einigen Schattenspielen, wie »Kasperl ist überall«, folgte schließlich im Kinder-Almanach »Was Du willst« (1854) das erste theatralisch voll ausgeformte Puppenspiel »Kasperl in der Türkei«. Dann legte Pocci 1855 den Band »Neues Kasperl-Theater« vor. Damals eine Novität in der Kinderliteratur; denn mit diesen Stücken hat der Dichter die ersten Kasperl-Komödien für Kinder geschaffen, zunächst für den »Hausgebrauch«, ohne Verbindung zur öffentlichen Theaterpraxis. Doch in jeder Szene spürt man, wie sehr er bereits mit seiner Figur spielte, sie theatralisch ausprobierte, um sie anspruchsvolleren Aufgaben zuzuführen. Diese kleinen Spiele sind mehr als erste Modell-Versuche. Sie sind aus purer Freude an absurd-komischen Situationen entstanden, zeugen von einer übermütigen, beinahe kindhaften Spiellaune, auch wenn oft unmotiviert geprügelt und totgeschlagen wird:

> Heut' hab' ich schon so en lustigen Humor, daß ich alle Leut' aus lauter Freud' maltraittiren möcht![47]

Ganz anders war wenige Jahre später sein »reformierter« Marionetten-Kasperl für Papa Schmid, wo Prügeleien (zumindest in den Märchen) zurückgenommen sind. Wir müssen deshalb bei Pocci klar unterscheiden zwischen dem frühen Handpuppen-Kasperl, dessen locker gefügte Szenen ursprünglich für Haustheater bestimmt waren, und dem Marionetten-Kasperl der großen, geschlossenen Form in öffentlichen Aufführungen. Der Unterschied liegt nicht nur in einer anderen Puppentechnik begründet, sondern resultiert vor allem aus der veränderten theatralischen Konzeption seiner Stücke.

Ansonsten hat sich der Autor wenig über seine Figur geäußert. Wenn er es tat, waren es zumeist Selbstdarstellungen des Kasperls in den Publikumsadressen. Pocci charakterisierte ihn rückblickend ein wenig einschichtig:

> Ich machte aus ihm den humoristischen Realisten, dessen Lebenszweck so ziemlich lediglich Essen und Trinken; vermied aber dabei alles Zotenhafte.[48]

In Wahrheit gestaltete er seine Figur wesentlich komplexer und vielschichtiger, als er zugeben wollte. Eine Entwicklung des Kasperl hat während der Zusammenarbeit mit Schmid kaum stattgefunden, wohl aber eine Entfaltung seines komisch-philosophischen Profils. Denn Kasperl Larifari war schon damals keine originale Figur mehr, sondern bereits eine synthetische Kunst-Figur, die aus den Bindungen seines Schöpfers an abgeschlos-

---

[47] Pocci, Kasperls Heldentaten, s. o. S. 19.
[48] Pocci, Das Marionettentheater in München, vgl. Anm. 39.

sene Traditionen geschaffen wurde. Doch stets ist der Dichter mit allen komisch-theatralischen Überlieferungen frei umgegangen, hat sie durch Zeiterfahrungen bereichert und oft mit scheinbar widerstrebenden Elementen spielerisch vermischt.

Durch seine Bezüge auf alte Traditionen und Spielweisen war die Figur noch variabel und aufnahmefähig, der Typus noch nicht zum Typ erstarrt. Als Spiel-Figur konnte er mannigfaltigen Wandlungen unterworfen werden. Kasperl ist überall. Er ist traditionell Diener oder Knappe; er ist aber auch Handwerksgeselle, Bauernbursche, Nachtwächter, Hausknecht oder Rentier. Er wird von seiner Umwelt zum Prinzen gemacht oder für einen Freiheitshelden gehalten, avanciert durch Zauberrequisiten zum Minister oder Künstler, wird Rentier, Gelehrter und Esel; er wird ins Gefängnis gesteckt; er wird ins Märchenreich versetzt, auf eine wüste Insel oder in die platte Wirklichkeit. Immer muss er sich in komischen Konflikten bewähren und durchmogeln; immer wieder spielt der Dichter mit ihm Situationen durch, die weder seinem Intellekt noch seiner sozialen Herkunft entsprechen. Kasperl konnte daher nie Alternativ-Figur sein, sondern immer nur Kontrast-Person. In den romantisierenden Mittelalter- und Märchensujets fungiert er als wirkungsvolle Gegenfigur zum wirkungslosen Kunsthelden und hat sich gegenüber den großen Idealen seiner Herren die eigenen kleinen Ansichten bewahrt. Er verkörpert die Prosa des Lebens, ohne Sinn für Höheres und den Stoff, aus dem noch immer die Träume sind:

> Der Stoff ja der Stoff! der ist und bleibt die Hauptsache. Allein unsere Ansichten darüber sind sehr verschieden. Mit Euern Stoff locke ich keinen hungrigen Hund unter dem Ofen heraus; aber mein Stoffbegriff ist praktisch.[49]

In den Gegenwartskomödien fehlen oft die musealen Versatzstücke als »Gegenwelt«; es fehlt die feudale »Gegenfigur«, an der sich Kasperl reiben kann; und es fehlen die Anlässe, wo er renitent werden könnte. In der miserablen Gegenwart wird der gesellschaftliche Fortschritt zur Zielscheibe seines Missvergnügens:

> Das sind mir glückliche Zeiten! Überall Eisenbahnen! Wenn Einer 's Geld hat, kann er hinfahren, wo er will [...]. Freiheit grad genug! und die kost't kein Kreuzer. Aber man hat auch pudlwenig davon. Einigkeit, Frieden, Glückseligkeit überall, wo man die Nasen hineinsteckt! Aber bisweilen stinkt's wo.[50]

Folgerichtig hadert dieser Possen-Kasperl immer mit seinem »Stricksal«, räsoniert über eine Welt-Ordnung, die ihm nicht »paßt« oder die für seine

---

[49] Pocci, Dornröslein. Werkausgabe I, Band 2, S. 148.
[50] Pocci, Crocodilus und Persea. Werkausgabe I, 6.

Begriffe aus den Fugen geraten ist. Und damit für ihn die Welt wieder in Ordnung kommt, stellt er sie kasperlmäßig auf den Kopf. Seine ganze Sehnsucht zielt auf ein einfaches, verantwortungsloses Leben ohne Arbeit, auf primitiven Lebensgenuss und auf ein Dasein ohne Anpassung an eine spießige Gesellschaft, an der er keinen Anteil hat. Wohlstand kann an ihn nur durch Eingriffe aus der Feenwelt, durch Schatzgräberei oder sozialen Rollentausch von außen herangetragen werden, und das auch nur für kurze Zeit. Niemals steigt der Kasperl auf. Kasperl überdauert. Die Bratwurst und eine Maß Bier sind für ihn das Maß aller Dinge. Bläst Ritter Hans zum Angriff: »Sieg oder Tod!«, echot der Kasperl: »Knödel und Sauerkraut!«, ganz wie im alten Barockdrama.[51] Er ist der geborene Sauf- und Fress-Anarchist. Plebejische Züge liegen ihm fern.

Nicht ohne Grund hat Pocci auch die Leib- und Magenfrage für seine Zeit immer wieder herausgestellt: Vor dem Hintergrund des Hungers, dem sich sein Publikum vielfach ausgesetzt sah, war es freilich »lustig«, alleweil vom Essen zu reden. Erst das Magenknurren von »unten« verlieh »oben« Kasperls Fresslust die Schärfe des Witzes. Vor 150 Jahren war es freilich noch ein Politikum, in der Öffentlichkeit vor sozial Benachteiligten von Essen und Wohlstand zu reden. Ganz zu schweigen von den »höheren Idealen« allerhöchster Herrschaften.

Wenig beachtet wurde bisher die Haltung des Dichters zu seiner Figur. Bei genauerem Hinsehen fällt auf, dass er seinen Kasperl stets von »oben« herab sah. Nie wurde er müde, Kasperls Banausentum, seine Fresssucht, seine asoziale Lebenshaltung und seine versoffene Kleinbürgerlichkeit herauszustellen.

> Bin ich nicht im Wirtshaus, so bin ich auf der Polizei! Berlicke, berlacke![52]

Zweifellos sprang Pocci auch mit seinen Rittern, Prinzen und Potentaten respektlos um. Und auch die Wirte, Bürgermeister, Gelehrten, Hofschranzen, Bauern und Nachbarn wurden ihrem Stande und Standesdünkel entsprechend satirisch entkleidet – immer aus der Sicht eines Aristokraten und Gebildeten.

Auffällig ist die Frage nach der Identität des Individuums. Angesichts der »schwindelerregenden« und »menschenfressenden« Entwicklung in der zweiten Hälfte des 19. Jahrhunderts hat der Dichter diese Frage immer neu gestellt. Viele seiner Figuren sind »eigentlich« etwas anderes: Der Kater

---

[51] Pocci, Die stolze Hildegard. Werkausgabe I, Band 4. In »Gordianus«, einer der Haupt- und Staatsaktionen des 16./17. Jahrhunderts, ist diese Replik bereits vorgebildet: »Krig und Todt!« lautete z. B. des Herrn Octavius Schlachtruf, den der Hanswurst mit »Quark und Speck!« beantwortet.
[52] Pocci, Kasperl wird reich. Werkausgabe I, Band 6.

Muzl, der Wolf im »Rotkäppchen«, die Eule im »Eulenschloß«, ja selbst Bären und feuerspeiende Drachen entpuppen sich menschlich. Auch Kasperl muss sich in der Komödie »Kasperl als Prinz« wiederholt fragen: Wer bin ich? Was bin ich? Wie bin ich?

> Hat mir träumt, daß ich der Prinz bin, oder hat'n Prinzen träumt, daß er der Kasperl ist? Ich könnt' ja ganz konfus werden.

> Bin ich wirklich Prinz Schnudi oder bin ich der Kasperl, der in den Prinzen 'neingfahren ist, oder ist der Prinz in m i c h 'neing'fahren? [...] Krieg ich Prügel, so kriegts der Prinz Schnudi auch; und trifft den P r i n z e n der Verschlag, so bin ich todt. – Vermaledeite Komödie!⁵³

Nur eine Komödie mit romantischer Ironie? Oder schon eine Komödie des Absurden? – Derlei Szenen kommen häufig vor.

Uns fehlt heute der Zugang zu den sozialen Verhältnissen und zum geistigen Klima von damals. Auch wissen wir wenig über die Zensur oder inwieweit dem Dichter seine Stellung bei Hofe ein gewisses Maß an Selbstzensur auferlegt hatte. (Abweichungen zwischen Manuskript- und Druckfassung tauchen immer wieder auf.⁵⁴) Doch von Poccis ständigem Augenzwinkern durch die Maske der lustigen Figur ist genügend erhalten geblieben, ebenso Kasperls Geheimbündelei mit dem Publikum. Dadurch wurde er für den Autor zur ästhetischen Transmissions-Figur, die Realität in seine Kunst-Welt hineinholte und durch Witz und Distanzierung Zeitgefühl stimulierte. Für den zutiefst konfessionell wie konstitutionell gebundenen Dichter stellten Puppenkomödien und Kasperlfigur das geeignete und vielleicht einzig mögliche Medium dar, sich mit Witz und Aberwitz von den Widersprüchen seiner Gegenwart zu befreien:

> Solange die Welt steht und solang's Menschen gibt, hört auch der Unsinn nicht auf.⁵⁵

Doch die Widersprüche zwischen dem absurden Entwurf einer Welt und der tatsächlichen Welt waren für ihn unüberbrückbar. Sie offenbarten die Widersprüche eines Dichters, der glaubte, sein mittelalterlich-romantisches Weltgefühl im anbrechenden Industriezeitalter erhalten zu können und mit Mitteln des Puppentheaters »spielerisch« darüber zu reflektieren. Als Mittler sollte Kasperl Larifari fungieren, was jedoch die Figur zusehends historisch und ästhetisch überforderte.

---

[53] Pocci, Kasperl als Prinz. Werkausgabe I, Band 4.
[54] Bereits Schott wies 1911 zahlreiche Abweichungen der Manuskripte nach (S. 38–44). Und beispielsweise druckte auch Pocci (Enkel) in seiner Deutsch-Meister-Ausgabe (1921) für »Dornröslein« und »Schimpanse der Darwin-Affe« veränderte bzw. erweiterte Textfassungen ab.
[55] Pocci, Der artesische Brunnen. Werkausgabe I, Band 6.

Pocci und Schmid haben den spätfeudalistischen Kasperl-Typus noch eine Weile in die bürgerliche Epoche hinübergerettet. Und er lebte von den wenigen Puppenspieler-Persönlichkeiten, die ihn (noch) zu spielen verstanden. Der Dichter Pocci wusste von Anfang an, dass sein reaktivierter Spaßmacher ein »Endzeit- Kasperl« war, den er im historischen Niemandsland angesiedelt hatte. Bereits 1860 ließ er ihn die Einsicht artikulieren:

> Von Geburt war ich nehmlich gar Nix, als der Casperl Larifari; allein allmählig drohte die Cultur des modernen Zeitalters mich abzuschaffen [...] da bin ich halt alleweil gewandert und gewandert, bis ich ganz aus der Zeit 'naus marschirt bin.[56]

Am Ende seines Lebens, in der Rückschau von 1873, erwog er, seinen Kasperl nicht mehr nur »aus der Zeit« herausmarschieren zu lassen, sondern ihn endgültig aus seinen Puppenstücken herauszunehmen und diese »bei größerer Ausführung zu brauchbaren Volksstücken in Raimunds Weise«[57] umzustilisieren, wie er es bereits gelegentlich versuchte. Anscheinend hatte nun der Dichter vor seiner Figur kapituliert. Oder vor der Zeit, die nach ihm kam.

Postscript des Co-Editors

Als im Jahr 1989 – vor der sogenannten Wende – der 50. Geburtstag der Puppentheatersammlung im Münchner Stadtmuseum zu feiern war, erschien in der Jubiläumsschrift eine erste Fassung des vorangegangenen Aufsatzes als einziger Beitrag zu einem Urgestein der Sammlung, dem für das Haus so wichtigen Kasperlgrafen: Manfred Nöbel († 2006), ein Ostberliner Autor, gab neue Auskunft über den bayrischen »Klassiker«. Zwei Pocci-Ausgaben im Henschel Verlag (Ostberlin) hatten ihn als *den* Spezialisten für Pocci, eigentlich einen Münchner »Hausheiligen«, ausgewiesen.

Zunächst Leiter des Leipziger Jugendtheaters und später als Literaturwissenschaftler an der Akademie der Wissenschaften tätig, verband Nöbel Theater-Erfahrungen mit theoretischen Einsichten. Er konnte Poccis historische Verdienste mit seinen literarischen und theatralen Kenntnissen und Qualitäten verbinden. Das verleiht – bei einer wie immer auch politisch/historisch tingierten Terminologie, die ihre Zeit hatte – seinem Beitrag eine andauernde Gültigkeit: Er sollte deswegen auch eine Auswahlausgabe von Poccis Stücken zum 200. Geburtstag einleiten, die allerdings von dem Plan zu der vorliegenden Pocci-Werkausgabe überholt wurde.

[56] Pocci, Herbed, der vertriebene Prinz. Werkausgabe I, Band 3.
[57] Pocci, Das Marionettentheater in München. Vgl. Anm. 39.

Wenn wir an den Anfang der Kommentare dieser ersten Gesamtedition der Werke Franz von Poccis den Nöbelschen Essay stellen und auch eine Reihe der von ihm angeregten Worterklärungen und Erläuterungen übernehmen, geschieht das nicht aus Gründen der Pietät. Nöbels Beiträge haben ihre Berechtigung aufgrund treffender Beobachtungen; weil sie gerade nicht in dem autochthonen Milieu der Pocci-Tradition, sondern nördlich des Mains und jenseits des Eisernen Vorhangs in einer politisch besonders sensibilisierten Region formuliert wurden, bieten seine Hinweise auch eine reizvolle Fremdperspektive.

Wer immer die UNIMA-Kongresse – internationale Puppenspielertreffen – während der 1960er-Jahre besuchte, bemerkte bald die innovative Kraft der Theaterleute von jenseits des Eisernen Vorhangs. Ihre Marionetten, Handpuppen und ihr mechanisches Theater – auf keine großen Subventionen zählend – entfalteten im Milieu der auf Improvisation und Provisorien angewiesenen Bühnen eine ganz besondere Lebendigkeit.

Weil staatlich durch einschlägige Ausbildungen an den Kunstakademien gefördert, kann man zwar die kleinen Bühnen kaum als Samisdat-Theater verstehen. Dennoch hat sich auf diesen – jedem sozialistischem Realismus per definitionem abholden – Bühnen eine Kunst entfaltet, die gute Voraussetzungen für das Verständnis von Poccis Doppelbödigkeit in der Zeit des bürgerlichen Realismus schuf. D. h., wenn wir Nöbels Essay drucken, dann verbeugen wir uns auch vor einer lebensvollen Traditionspflege des Puppentheaters im anderen Teil Deutschlands und Europas, in dem diese Spiele auch eine vital politische Aufgabe erfüllen konnten: als Ventil für die ideologisch gefesselte Phantasie und als Medium, Stellung zu beziehen zur Zeit – beide Male Reaktionen auf Voraussetzungen, die der Stagnation des Nachmärz, also der Pocci-Zeit, nicht so fremd waren.

Kasperls Prolog-Hoffnung auf eine »gesamtdeutsche« Rezeption erfüllte sich auf unerwartete Weise.

U.D.

ULRICH DITTMANN

Poccis »Neues Kasperl-Theater«

Nach den »Dramatischen Spielen für Kinder«, die Pocci 1850 zusammen mit Singweisen veröffentlichte, erschienen 1855 seine sechs Stücke für ein »neues« Kasperl-Theater und auch das Volksdrama »Gevatter Tod«. Die einander scheinbar ausschließenden Genres eines Lachtheaters für Kinder und des provozierend sozialkritischen Memento-mori-Stücks dokumentieren Spannweite und Ausrichtung von Poccis Theaterinteresse: Dieses war, auch mit der späteren Konzentration auf Marionetten, vor allem den Formen des Volkstheaters zugewandt. Ferdinand Raimund (1790–1836) ist eine der wenigen literarischen Orientierungen, zu der sich Pocci explizit bekennt.

Der »Kasperl-Theater«-Band schafft als Poccis erste umfängliche dramatische Sammlung eine Basis für die Marionettenstücke; während er die »Spiele für Kinder« später auf diverse Abdrucke in Journalen verstreute, erschien im Jahr 1873 sein »Neues Kasperl-Theater« für eine zweite Auflage um zwei neue Texte erweitert. Damit steigert sich der Werkanspruch dieser Stücke: Wie die sechs Bände seines »Lustigen Komödienbüchlein«(1859–1876) mit ihren Wiederauflagen hat der Autor über Jahre hinweg das »Neue Kasperl-Theater« gepflegt, das auch 18 Jahre später noch »neu« geblieben war. Weil diese zweite Auflage in der Pause zwischen dem vierten und fünften Band der »Komödienbüchlein« erschien und weil in deren postumen sechsten Band auch die zwei neuen Kasperlstücke von 1873 aufgenommen wurden, verwischen sich scheinbar die Grenzen zwischen frühen und späteren Larifari-Stücken im »Kasperl-Theater« und in den »Komödienbüchlein«: dem Kasperl und dem Casperl.

Dennoch ist ein ganz wesentlicher Unterschied hinsichtlich des Mediums festzuhalten. Während Letztere mit der Perspektive auf Joseph Schmids Marionettentheater geschrieben wurden und einer Sammlung »Für Marionetten« zugedacht waren, weisen Erstere zurück auf die »lustigen Kasperlszenen«, an die der Pocci-Enkel erinnert: Nach einer Familienüberlieferung hat der Graf vor 1850, während der Sommeraufenthalte der Familie in Ammerland, Vorstellungen für Kinder und Dorfbewohner »auf einer improvisierten Bühne hinter einer spanischen Wand aus dem Stegreif« gespielt. Auch dass Kasperl in seinem »Prolog« von den ihm »privatim« gewidmeten Komödien redet, deutet auf begrenzte Aufführungen im vertrauten Kreis.

Selbst wenn diese Stücke später auf die Marionettenbühne übernommen wurden und dort lange im Repertoire blieben, war bei den Figuren sicherlich an Handpuppen gedacht: Stets sind nur zwei Figuren auf der Szene präsent, die von einer Person geführt wurden.

Handpuppen bleiben an die begrenzte Gestik des Spielers gebunden, sie sind – wie immer spontan – in ihren Aktionen relativ beschränkt; zwar ist ihnen eine gewisse Mimik möglich (im Gegensatz zum meist starren Marionettengesicht), aber häufig fehlen ihnen die Beine. Ihre begrenzten Handlungen entstehen aus einer begrenzten Situation, meist einer Konfrontation Kasperls mit einem Gegenüber, gegen das er sich – mit letalem Ausgang – durchsetzt: Kasperl repräsentiert das vitale Überleben, hier bewerkstelligt mit den kräftigen Händen der Puppenspieler.

Den Texten des »Neuen Kasperl-Theaters« fehlen noch Szenengliederung und Personenverzeichnis. Sie zeugen deutlich von der Faszination durch die »Rohheit des Dultkasperls«, dem Pocci, wie er schon in seiner Zusage auf Joseph Schmids Anfrage bekannte, »stets selber als der aufmerksamste und theilnehmendste Zuschauer angehörte« (vgl. oben S. 98) und an dessen Handlungsklischees er auch anschloss. Kasperls Brutalität gegenüber dem Juden in »Madame Kasperl« trifft ebenso unmotiviert und tödlich auch den Eremiten und den Zauberer im ersten, den Tod wie den Gockelhahn im vierten und den Mandarin im sechsten Stück; Gretls Höllenfahrt zielt auf ehemännliche Schadenfreude und bezeugt nicht nur die Nähe zur Dult und ihrem Publikum, sondern auch den begrenzten Handlungsradius der Handpuppe: Das Erschlagen liefert jeder Situation einen wirkungsvollen Schlusspunkt. Über die provozierende »Marktplatz- und Prügelkomik Kasperls« finden sich anregende Interpretationen bei Reinhard Valenta (vgl. Bibliographie).

Allerdings stehen dieser Rohheit der Hauptfigur und den grob gereihten Situationen mit plumpen Verkleidungen und Verstellungen Kenntnisse und Anspielungen entgegen, auf die Pocci beim Publikum gerechnet haben muss; der Kommentar wird darauf eingehen. Außerdem appelliert die Vielzahl absurder Wortspiele an eine subtile Sprachspielfreude. Illusionsdurchbrechungen, die wie Kasperls Frage nach dem »eigentlichen Helden in der Komödie« im ersten Text an Beispiele romantischer Ironie in Stücken Tiecks erinnern, aber eigentlich nur auf eine einfache Weise die Figur exponieren, bleiben ein Kennzeichen auch von Poccis späteren Marionettenstücken. Surreale Szenen wie der handlungssprengende Mondauftritt in »Kasperl als Nachtwächter« überfordern ein Dultpublikum: Von der Himmelsbeleuchtung entpflichtet und wider die astronomische Ordnung des Kalenders sucht der deutsche Himmelstrabant ein Liebesabenteuer, befürchtet aber, es könnten Mondgedichte auf ihn »herabregnen«; daran hat wirklich nur Freude, wessen Gemüt mit romantischer Mond-Andacht übersättigt ist. Franz Pocci steht Heinrich Heine nicht fern.

Die Spannungspole zwischen befreiend-anarchischem Klamauk und feinerem Humor, zwischen der beschränkten Handpuppen-Dramaturgie und anspruchsvoller Thematik liegen bei den Kasperl-Stücken, deren Letztes – verallgemeinerbar für die vorangegangenen – als »Spektakelstück« untertitelt ist, noch weit auseinander. Erst die Körpersprache der Marionette erlaubt aufgrund der entschieden erweiterten Puppengestik in den umfangreicheren Stücken des »Lustigen Komödienbüchleins« eine differenziert-gesteigerte Spielfreude, erst dort kann Larifari unterschiedlichste Handlungsfunktionen übernehmen und als Sprachrohr seines Verfassers auftreten. Der Dult-Stil, der sich gegen sonstige Jahrmarktsensationen zu behaupten hatte, tritt zurück, wenn auch der »Casperl« seiner Herkunft von dort verbunden bleibt.

Worterklärungen und Erläuterungen

Prolog

11 *gesammtdeutsches Vaterland:* Obwohl sich Pocci von den Patrioten seiner Zeit distanzierte – er lässt Kasperl ironischerweise eine »germanische Ohrfeig« (S. 69) erteilen, die tödlich wirkt –, teilte er auch den nach 1848 unerfüllt gebliebenen Wunsch, es möge einen einheitlichen deutschen Staat geben; der Akzent liegt eher auf dem »gesamt« als auf »deutsches« Vaterland. Denn Larifaris Hoffnung auf ein vakantes »vaterländisches« Ministeramt am Schluss von »Kasperl in China« relativiert jeden Patriotismus und ist eher auf die Ministerwechsel im Königreich Bayern zu beziehen. – Pocci hofft, wenn er von »gesammtdeutsch« spricht, auch auf eine Wirkung seiner Stücke über den engeren Münchner Raum hinaus und vor allem darauf, dass Kinderliteratur in den Rang der Nationalliteratur erhoben werden könnte (vgl. Manfred Nöbels Essay).

Kompliment: »Über Verbeugungen« macht sich Pocci in einer eigenen Glosse lustig, er empfiehlt den »ehrenwerten pedantischen Deutschen« die Anlage eines Handbuchs für unterschiedliche Winkelgrade, in denen der Oberkörper sich nach vorn beugen sollte. Kasperls Ironie ist bei allen komplimentierenden Abschieden mitzuhören.

I. Kasperl's Heldentaten

15 *Das seht ihr ...:* Die Selbstvorstellung der Figuren behält Pocci auch später bei, sie ist bei ihm eher ein grobes Mittel der Exposition als einer raffinierten Illusionsdurchbrechung.

Waldeinsamkeit: Von Ludwig Tieck geprägtes Schlagwort der Romantik: »Waldeinsamkeit, / die mich erfreut / ... / in ewger Zeit«; indem Pocci sie als einen langweiligen statt zauberhaften Ort beschreibt, distanziert er sich vom romantischen Überschwang. – In »Heinrich von Eichenfels« (vgl. Abteilung 1, Band 2 S. 68) lässt Pocci den Einsiedler Menrad jedoch genau gegen die Langeweile eines solchen Daseins argumentieren.

16 *ein Tiroler:* über ganz Europa wurden Kanarienvögel aus Tirol verkauft, Tiroler waren sprichwörtliche Vogelhändler.

tribuliert: von lat. tribulieren plagen, quälen.

17 *mordalisch:* ungeheuerlich, laut; dient zur Verstärkung.

18 *Dattel:* kindersprachlich für Vater, Vorfahr.

Kalfakter: niederer Diener, ursprüngl. Ofeneinheizer.

Der Kasperl ist überall...: Kasperl singt ein Couplet, das – wie in Volksstücken üblich – die Handlung kommentiert.

20 *Mores:* Sitten und Anstand.

Kranawetvogel: Wacholderdrossel, ein Singvogel, der bejagt und verspeist wurde.

Murischuripixtimixtistopheles: für Pocci typische binnenreimende Namensform mit Anklang an die Teufelsfigur Mephistopheles im Faust. Anhaltende Namensverwechslungen gehören auch in späteren Stücken zu Kasperls komischem Inventar.

Spadifankerl: mundartlich-spaßhaft für Teufel, böser Bube.

21 *schnufelnd:* hörbar die Luft einziehen, übertragen auch suchen, durchwühlen.

25 *Piké:* dichter Stoff.

26 *tinctura Theophrastica:* Anspielung auf einen Heilsaft des großen Heilkünstlers Theophrast oder Paracelsus, von Kasperl als Kautschuk missverstanden.

lapis philosophorum: Stein der Weisen, von Kasperl als *tapis asinorum* »Fell des Esels«, lat. tapis = der Teppich, die Decke, missverstanden.

aurum potabile: lat. trinkbares Gold, eine alchemistische Goldlösung.

Panakee: Name für ein Allheilmittel, von Kasperl konkret als Polstermöbel bzw. würziges Gebäck verstanden: Kanapee ist doppeldeutig.

27 *Punschbodali:* -bodali klingt an eine verballhornte bouteille, frz. Flasche, hier für Punsch, an.

28 *Lirum, larum, Löffelstiel:* als Refrain in vielen Liedern und Kinderversen bezeugte Schallimitation der Bauernleier; ähnlich wie Larifari auch zur Zurückweisung leeren Geredes benutzt.

II. Kasperl als Professor

34 *Rumfortersuppen:* Benjamin Thompson, Graf von Rumford (1753–1814), hatte in bayrischen Diensten eine Reihe sozialer Neuerungen eingeführt, darunter die aus billigen Zutaten bereitete Rumfordsche Suppe; er hat auch den Englischen Garten gegründet.

35 *fexiren:* ein zwischen »fexen«, d. h. »abernten«, und »vexieren«, d. h. »verhöhnen, verspotten« changierender Ausdruck.

36 *neptunisches Philosophem:* Der Neptunismus, der im Gegensatz zum Vulkanismus die Erdform aus Wasser und Überschwemmungen (statt aus Vulkanen und feuriger Materie) erklärte, wurde im 19. Jahrhundert viel diskutiert, so auch in Faust II. Jegliche Anspielung auf das Wasser bildet für Kasperl immer wieder den Horizont, seinen Bierdurst zu erwähnen.

Genugthuung: Beleidigungen ahndeten deutschen Studenten durch Duelle mit scharfen Waffen zur Wiederherstellung der Ehre. Kasperl ignoriert diesen Ehrenkodex.

38 *Fluidum:* ursprünglich ein flüssiger Körper, metaphorisch auf geistige Zusammenhänge übertragen, passt hier besonders gut zur Wassertheorie.

39 *schaff ... an:* anschaffen heißt mundartlich »befehlen, anordnen«.

III. Madame Kasperl

45 *erpaßt:* von »passen«, auf etwas lauern, erwischen.

bockulire: Der Anklang an das lat. poculare (= aus einem Becher trinken) ergibt sich für Kasperl ganz konkret aus dem Wirtshausnamen. Über die Zeiten hinweg machen spielerische Wortverdrehungen – das zeigt der Pumuckl – Kindern Freude.

46 *Bonjour Monsieur:* im bairischen Dialekt sind französische Ausdrücke noch heute durchaus gängig.

Capitolium: die Burg des alten Rom; Anspielung auf Hirn-/Nürnberg ist nicht geklärt.

Masematten: jüd.-dt. »Geschäfte betreiben«.

53 *Geldbutten:* Die Butte ist ein Rückentraggefäß, wie auf der Vignette zu dem Stück abgebildet.

Expedition: Erledigung.

IV. Kasperl als Nachtwächter

59 *von einem Geist ...:* Pocci hat in seinen Karikaturen, vor allem der Sammlung »Staatshämorrhoidarius« (1857) und vielen Stücken, Beamte und die Bürokratie verspottet, ein Leitmotiv seiner Texte!

... im Kalender nicht: Der Kalender, der die Zeitabläufe ordnet, verbürgte als Hausbuch neben der Bibel die Ordnung meteorologischer wie dynastischer Abläufe.

60 *veraretiren:* durch die Vorsilbe »ver-« verstärktes »festsetzen, festnehmen«.

V. Kasperl in China

67 *nach Amerika:* nach der Enttäuschung von 1848 – sie ist für Kasperl ans verschlechterte Bier gebunden – gab es in den deutschen Landen massenhafte Auswanderung nach den USA.

68 *Schlawen:* Sklaven.

Flurirschütz: Ackerknecht.

wixen: mit Wachs oder Pomade glatt und glänzend machen.

72 *Portefeuille:* eigentlich Brieftasche, aber auch Geschäftsbereich eines Ministers.

Constitution: Kasperls Wortsinn changiert zwischen der nach 1848 gescheiterten Hoffnung auf eine Verfassung und seiner persönlich-körperlichen Befindlichkeit.

73 *Gagi:* Gage am Theater, wirft ein Licht auf seine Ministerrolle, die er wie ein Schauspieler entlohnt haben möchte.

VI. Die Prüfung

78 *bon jourl:* vgl. S. 46, mit mundartlicher Verkleinerungsform von »jour«.

Indischestion: Indigestion, Verdauungsstörung.

Melankolerie: Melancholie (= Schwermut, Tiefsinn – hier mit der während der 1850er-Jahre noch drohenden Cholera spielerisch vermischt). Melancholie galt als das Temperament von Forschern und Denkern: vgl. Kasperls »Gstudierlust«.

80 *allegorisch:* gegen Kasperls konkretes Verständnis Hinweis auf bildliche Verwendung.

81 *fingiren:* vortäuschen.

84 *Salvenati:* lat. salve ist die Grußformel und lat. natis ist das Gesäß, es könnte sich um eine skatologische Anspielung handeln; vgl. die »Verbeugung von rückwärts« in »Casperl in der Türkei« (Werkausgabe Abteilung I, Bd. 2); vielleicht auch: Cervelatwurst.

86 *Clisterium Scheidwasserianum:* pseudowissenschaftliche Sprache, hier ein Einlauf/eine Spülung mit Scheidewasser (= Salpetersäure).

Purgatorium: den medizinischen Begriff Purgation, eine Reinigung, verdreht Kasperl zum lat. Wort für Fegefeuer.

93 *Poli:* von Bolle/Polle, »Gefäß, Kanne«.

Dechtlmechtl: geheime Absprache, ein typischer binnenreimender redensartlicher Ausdruck.

Editorische Notiz

Unsere Ausgabe folgt der Erstausgabe »Neues Kasperl-Theater« von Franz Pocci, Stuttgart, Gebrüder Scheitlin 1855 nach dem Exemplar der Bayerischen Staatsbibliothek München (Rar. 390). Orthographie und Interpunktion des Originals wurden beibehalten. Dies gilt auch für die Handhabung der Interpunktion nach Überschriften und Szenenanweisungen. Offensichtliche Druckfehler und unbeabsichtigte Inkonsequenzen des Setzers wurden stillschweigend berichtigt. Die Fraktur der Erstausgabe wurde in Antiqua gesetzt, fremdsprachige Begriffe, die nach damaliger Konvention in Antiqua dargestellt wurden, werden kursiv wiedergegeben. Gesperrte Hervorhebungen des Originals bleiben gesperrt. Szenenanweisungen werden in grauer Schrift wiedergegeben. Die Originalillustrationen von Pocci wurden beibehalten und, soweit möglich, an dieselbe Textstelle wie in der Erstausgabe gesetzt. Auch die typographische Gestaltung wurde der Erstausgabe angeglichen. Eventuelle Zusätze der Herausgeber erfolgen in [ ].

BIBLIOGRAPHIE

Gisela Tegeler (Hg.), Verzeichnis der Werke Franz von Poccis 1821–2006. Gesamtverzeichnis der Schriften, Kompositionen und buchgraphischen Arbeiten Franz von Poccis auf der Grundlage der Zusammenstellung von Franz Pocci (Enkel) fortgeführt und bis 2006 vervollständigt von Manfred Nöbel[†]. München 2007 (Werkausgabe, Abt. X, Band 1).

Für Edition und Kommentierung der Abteilung I, Dramatische Dichtungen wurden neben dem Deutschen Wörterbuch von Jacob und Wilhelm Grimm und dem Bayerischen Wörterbuch von Johann Andreas Schmeller auch Konversationslexika der Pocci-Zeit konsultiert.

Aus der genannten Bibliographie von Gisela Tegeler waren besonders ergiebig:

Aloys Dreyer, Franz Pocci, der Dichter, Künstler und Kinderfreund. München/Leipzig 1907.

Hyacinth Holland, Franz Graf Pocci. Ein Dichter- und Künstlerleben. Bamberg 1890 (Bayerische Bibliothek 3).

Kasperl Larifari. Blumenstraße 29a. Das Münchner Marionettentheater 1858–1988. Hg. Münchner Stadtmuseum und Stadtarchiv München. München 1988.

Ludwig Krafft (Hg.), Kasperl- und Gedankensprünge. München 1970.

Walter Pape, Das literarische Kinderbuch. Studien zur Entstehung und Typologie. Berlin/New York 1981.

Franz Pocci, Lustiges Komödienbüchlein. Hg. von Franz Pocci (Enkel). München 1921 (Die Bücher der deutschen Meister).

Anton Riedelsheimer, Die Geschichte des J. Schmidschen Marionettentheaters in München von der Gründung 1858 bis zum heutigen Tage. München 1922.

Georg Schott, Die Puppenspiele des Grafen Pocci. Ihre Quellen und ihr Stil. Frankfurt 1911 (Diss. phil. München).

Reinhard Valenta, Franz von Poccis Münchener Kulturrebellion. Alternatives Theater in der Zeit des bürgerlichen Realismus. München 1991 (Literatur aus Bayern und Österreich 4).